GRAU

KULTURPESSIMISMUS

ZU KLAMPEN

Reihe zu Klampen Essay
Herausgegeben von
Anne Hamilton

Alexander Grau,
geboren 1968, lebt und arbeitet in München. Er studierte an der Freien Universität Berlin Philosophie und Linguistik. Seit 2003 arbeitet er als freier Publizist, Kultur- und Wissenschaftsjournalist und veröffentlicht zu Themen der Kultur- und Ideengeschichte. Seit Juni 2013 ist Alexander Grau Kolumnist bei »CICERO-online«, wo er sich wöchentlich mit Fragen des politischen und gesellschaftlichen Zeitgeistes auseinandersetzt. Zuletzt ist von ihm erschienen »Hypermoral. Die neue Lust an der Empörung« (2017).

ALEXANDER GRAU

Kulturpessimismus

Ein Plädoyer

zu Klampen *Essay*

Inhalt

Einleitung

Der Kulturpessimismus ist tot. Er gilt als überholt und unzeitgemäß, als ein angestaubtes Relikt aus einer Zeit, als elitäre Bildungsschnösel mit unverhohlener Verachtung auf die aufkommende Populär- und Massenkultur schauten und geistige Biedermänner an jeder Ecke den Untergang des Abendlandes witterten.

Zudem gilt der Kulturpessimismus als widerlegt. Das Abendland ist nicht untergegangen, im Gegenteil. Nie ging es uns besser. Und das nicht nur materiell. Landauf, landab blüht das Kulturleben. Befreit von der Engstirnigkeit und den Ressentiments vergangener Epochen sind die westlichen Gesellschaften bunter, vielfältiger und demokratischer geworden. Was als Kultur gilt und was nicht, ist nicht länger abhängig von dem paternalistischen Diktat einer vermeintlichen Elite und ihren sterilen Normen. Kultur ist im Leben angekommen und entfaltet sich aus den verschiedenen Lebenswirklichkeiten einer pluralistischen Gesellschaft heraus. So entsteht Diversität und Spannung, wo früher nur Eintönigkeit und Ödnis herrschte – soweit zumindest das Fazit progressiver Kulturoptimisten.

Hinzu kommt, dass Kulturpessimismus keinen Spaß macht. Kulturpessimisten sind Miesepeter, übelgelaunte Griesgrame, die den Menschen nicht ihr Vergnügen gönnen, sondern überall den Kulturverlust fürchten, den Verfall der Sitten, des guten Geschmacks und des Anstandes. Kulturpessimisten sind die Spielverderber in einer Gesellschaft, in der das Spiel der höchste Lebenssinn geworden ist. Und schließlich sind Kulturpessimisten gefährlich. Sie verachten die Moderne und ihre Errungenschaften, also all jenes, auf das der moderne Mensch so unendlich stolz ist: Emanzipation, Individualismus, Freiheit. Deshalb sind Kulturpessimisten politisch suspekt. Sie stehen in dem Verdacht, vormodernen, autoritären und undemokratischen Gesellschaften hinterherzutrauern, Gesellschaften, in denen der Mensch nicht nach Selbstverwirklichung strebte, sondern Lebenssinn im Dienen fand, in denen nicht der einzelne zählte, sondern die Familie, das Volk, die Nation oder ein anderes Kollektiv.

Kurz: Kulturpessimisten umgibt der Schwefelgeruch des Antidemokraten, des Antiaufklärers und Liberalismusverächters. Solche Gestalten sind zumindest suspekt. Für einen aufgeklärten modernen Menschen haben ihre Analysen und Beobachtungen etwas Anrüchiges. Es gehört daher zum guten Ton, vor Kulturpessimismus zu warnen. Er sei, so der Vorwurf, eine hässliche Ideologie von Menschen, die gefangen sind in Ressentiments gegen die dynamische Welt der globalisierten Moderne.

Selbst auf seiten der politischen Linken finden sich daher keine ernsthaften Kulturpessimisten mehr, was um so erstaunlicher ist, als die Linke mit Theodor W. Adorno und der auf ihm aufbauenden Kritik des modernen Medien- und Massenkulturbetriebes den letzten profilierten kulturkritischen Denkansatz hervorgebracht hat. Doch die Linke hat ihren Frieden mit der Massenkultur gemacht, mit den Zumutungen der elektronischen Medien und der Kommerzialisierung aller Lebensbereiche. Zu eng war die Verbindung linker Protestbewegungen der sechziger und siebziger Jahre mit der Popkultur, zu groß die Abneigung gegen alles, was als bürgerliche Herrschaftsinstrumente identifizierbar war. Also pflegte man einen rebellischen Kult des Antibürgerlichen und verschrieb sich der hedonistischen Zerstörung aller als einengend empfundenen Formen, Regeln und Normen.

Dass man sich dabei zum willfährigen Erfüllungsgehilfen einer globalen Massengüterindustrie machte und damit das förderte, was man zu bekämpfen vorgab, fiel den wenigsten auf. Im Namen von Selbstverwirklichung und individueller Lebensgestaltung machte die Linke so ihren Frieden mit den Produzenten massenhaft konsumierbarer Individualität. Die Systemkritik selbst wurde in Gestalt von Popmusik und Mode zum Massenprodukt. Der revolutionäre Habitus zu einer Pose, für den die Konsumgüter- und Unterhaltungsindustrie das Equipment zur Verfügung stellt.

Konsequenterweise wurde die Ironie zum intellektuellen Accessoire der Progressiven und Modernitätsgläubigen. Sie ermöglicht die bedingungslose Teilhabe an der kapitalistischen Massenkultur und den hedonistischen Konsum ihrer medialen und realen Produkte bei gleichzeitig zur Schau gestellter Distanz. Alles scheint legitimiert durch sein Selbstverwirklichungspotential und seinen Unterhaltungsfaktor. Zudem eröffnet Ironie als progressiv empfundene Lebenshaltung die Möglichkeit, gedankliche Faulheit und Unernst zu kaschieren. Den sensibleren Gemütern gestattet der ironische Gestus die Teilhabe an der postmodernen Massenkultur. Denn allein die ironische Haltung macht den alles nivellierenden Pankulturalismus erträglich. Sie ist das Anästhetikum des Geistes, um die Veränderungen der Moderne und der sie affirmierenden Ideologien überhaupt noch zu ertragen. Ironie aber, die im besten Fall einen intellektuellen Schutz darstellt und eine Methode, den Kulturzerfall in der Moderne wahrzunehmen, ohne in den Verdacht zu geraten, aus der Zeit gefallen zu sein, erstarrt zur traurigen Pose.

Eine Gesellschaft, zu deren Kultur die Affirmation von so ziemlich allem gehört, was als »Kultur« daherkommt und für die die Vorstellung, dass es kulturell Minderwertiges gibt, ein geradezu ketzerischer und skandalöser Gedanke ist, hat im Grunde jede Kritik von Kultur aufgegeben, auch wenn sie die Kulturkritik nach wie vor als leere Monstranz vor sich herträgt. Kultur wird so zur Nullformel, die, eben weil sie inhaltsfrei und beliebig ist, auch das Trivialste adelt. Vor dem Hintergrund der europäischen Kulturgeschichte ist das eine erstaunliche Entwicklung. Noch vor wenigen Jahrzehnten gehörte es zu den unausgesprochenen Gewissheiten europäischer Gesellschaften, dass nicht alles, was Menschen geschaffen haben, auch das Prädikat Kultur verdient, dass es kulturelle Entwicklungen gibt und damit auch die Möglichkeit des Niedergangs einer Kultur. Mehr noch: Die Unterscheidung zwischen Kultur, Hochkultur und Nichtkultur und das Bewusstsein, dass Kulturen auch zerfallen können, war geradezu konstitutiv für das Selbstverständnis europäischer Kulturgesellschaften. Dieses traditionelle Kulturkonzept wurde im Zuge der gesellschaftlichen Wandlungsprozesse der sechziger und siebziger Jahre endgültig aufgegeben, ideologisch flankiert durch die in dieser Zeit entstehenden Kulturwissenschaften. An die Stelle eines normativen Kulturbegriffs trat ein pan- und transkulturelles Kulturverständnis. Zugleich begann die zunehmende Desavouierung des Kulturpessimismus.

Der vorliegende Essay ist der Versuch, den Kulturpessimismus zu rehabilitieren. Das kann jedoch nicht einfach dadurch geschehen, dass man auf alte kulturpessimistische Analysen und Motive zurückgreift. Kulturpessimismus, der sich in Nostalgie erschöpft, ist nicht mehr als seine eigene Bestätigung. Hinzu kommt, dass die klassischen kulturpessimistischen Ansätze des 19. und 20. Jahrhunderts ihren Schlüsselbegriff seltsam unterbelichtet ließen: Man setzte einfach ein Alltagsverständnis von Kultur voraus, ohne dieses zu konkretisieren oder gar zu hinterfragen. Das Analyseinstrumentarium des klassischen Kulturpessimismus ist somit aus heutiger Sicht eher dürftig und erschöpft sich nicht selten in Ressentiments gegenüber der Moderne.

Aus diesem Grund beginnt der vorliegende Essay mit einer Beschreibung dessen, was Kultur ist. Kultur, so die These, ist zunächst ein Ordnungssystem, das der Mensch der unberechenbaren und bedrohlichen Natur entgegensetzt. Kultur ist Kontingenzbewältigung, sie strukturiert den Raum und die Zeit und ermöglicht damit Planbarkeit, Orientierung und Übersicht. Vor allem schafft sie einen Raum der Symbole, der die Möglichkeit eröffnet, natürlichen Gegenständen, Ereignissen und Artefakten eine über ihre eventuelle Nützlichkeit hinausgehende Bedeutung zuzusprechen. Die Welt bekommt eine zweite, symbolische Ebene. Das dabei entstehende Symbolsystem wirkt hochgradig normierend und damit stabilisierend. Kulturen homogenisieren, indem sie Autonomisierungsprozessen entgegenarbeiten. Erst die entstehende urbane Massengesellschaft der Industrialisierung schafft Bedingungen, die das normative Integrationspotential des Standardisierungssystems Kultur überstrapazieren. Kultur beginnt sich zu fragmentieren. Entsprechend verändert sich das Wertegefüge. Traditionelle Metanormen wie Stabilität, Beharrlichkeit und Kontinuität werden ersetzt durch Ideale wie Flexibilität, Spontaneität und Innovativität. Die Kulturdestabilisierung selbst wird zum Ideal und Kultur damit unmöglich. Die Gesellschaft tritt ein in die Ära der Postkulturalität. Da das Standardisierungszentrum sich unter dem Druck sozialer Mobilität aufgelöst hat, gibt es keine verbindlichen Normen mehr. Entsprechend etabliert sich eine Ideologie absoluter Toleranz. Alles gilt als wertvoll, der Pankulturalismus wird zur herrschenden Weltanschauung der postkulturellen Gesellschaft.

Zentral für diese Entwicklung war die Idee des Fortschritts. Wie im zweiten Kapitel des vorliegenden Essays zu zeigen versucht wird, ist das Konzept des Fortschritts und das damit verbundene Geschichtsbild eng an den Monotheismus geknüpft. Damit die Idee des Fortschritts jedoch tatsächlich die in ihr verankerte weltanschauliche Dynamik entfalten konnte, musste die Gesellschaft beginnen, sich tatsächlich zu verändern. Fortschritt wird zu einer universalhistorischen Kategorie und damit zeitlich entgrenzt. Fortschritt gibt es nicht punktuell, sondern die Geschichte an sich erweist sich als Fortschreiten. So kehrt die Heilsgeschichte in säkularem Gewand zurück.

Deutlich älter als die Idee des Fortschritts ist jedoch die Vorstellung vom Niedergang und kulturellen Zerfall. Es ist ein bezeichnendes anthropologisches Phänomen, dass quasi alle Mythen und Hochreligionen der Menschheit von einem goldenen Zeitalter zu berichten wissen, einem paradiesischen Zustand, der verloren gegangen ist und von dem die aktuelle Menschheit sich immer weiter entfernt. Doch Mythen sind Protohistorien. Zu einem tragenden gesellschaftlichen Bewusstsein säkularisierte der Niedergangsgedanke im Römischen Reich. Aus römischer Perspektive befand sich die eigene Kultur in einer Dauerabwärtsspirale, da sich die jeweils gegenwärtige Generation gegenüber den tugendhaften Ahnen als verweichlicht und dekadent erwies. Die römische Geschichte war aus Sicht ihrer Protagonisten eine Degenerationserzählung. Diesen Topos des Untergangs durch Dekadenz greift wirkmächtig Edward Gibbon auf, der damit der Moderne das zentrale Motiv ihrer Untergangsdiagnose schenkt. Denn bei allen Unterschieden im Detail läuft die kulturpessimistische Kritik im Kern auf das genannte Degenerationsmotiv hinaus.

Im vorliegenden Essay werden grob zwei kulturpessimistische Denkschulen unterschieden. Theoretiker wie Joseph de Maistre, Henri Massis, René Guénon, aber auch ihre scheinbaren Antipoden Paul de Lagarde und Julius Langbehn gehen von einem ideengeschichtlichen Sündenfall aus, der je nach Herkunft und Überzeugung in der Aufklärung, der Reformation, der unabgeschlossenen Romanisierung Europas oder dem Aufkommen abendländischer Philosophie in der Antike verortet wird und wie eine virulente Infektion schließlich unter den technischen Bedingungen der Moderne ausgebrochen sei.

Diesen ideologiegeschichtlichen Ansätzen stehen protosoziologische Theorien der Massengesellschaft gegenüber. In der Tradition Gustave Le Bons sieht insbesondere José Ortega y Gasset das Aufkommen der modernen Massengesellschaft als Ursache für den Zerfall traditioneller europäischer Kultur. Betont Ortega – ähnlich wie später Elias Canetti, Hendrik de Man und auch noch Theodor W. Adorno – vor allem den nivellierenden Charakter der industriellen Massengesellschaft, so war es der früh verstorbene Alfred Seidel, der, anknüpfend an Karl Mannheims Diagnose der modernen Pluralisierung der Denkstile, die abendländische Kultur vor einer entropieartigen Auflösung sieht. Ursache für diese Entwicklung sei das Bewusstsein für die Kontingenz der jeweiligen Weltsicht und die daraus folgende Heterogenisierung der Gesellschaft.

Mannheim und Seidel liefern damit die Schlüsselbegriffe zum Verständnis der Moderne und die zentrale Diagnose für einen aufgeklärten Kulturpessimismus. Ging der traditionelle Kulturpessimismus von einer Angleichung, Einebnung und damit verbundenen Verflachung abendländischer Kultur aus, so wird im Abschlusskapitel des vorliegenden Essays dafür argumentiert, dass die europäische Kultur an ihrer Pluralisierung und Fragmentierung zugrunde gegangen ist, letztlich also an den Bedingungen der technischen und industriellen Moderne.

Fixiert auf einen diffusen Kulturbegriff, der vermutlich im Wesentlichen den hochkulturellen Kanon des 19. Jahrhunderts und eine Reihe von sozialen Regeln umfasste, maß der klassische Kulturpessimismus den Niedergang von Kultur am Wegfall konkreter kultureller Normen. Das ist verständlich, aber zu kurz gedacht. Kultur oder Nichtkultur misst sich zunächst nicht an konkreten kulturellen Erscheinungen, der handwerklichen Kunst der Künstler, der literarischen Raffinesse der Literaten oder der Komplexität der Musik. Allerdings führt die Auflösung der Normierungskraft des Standardisierungssystems zwangsläufig zu einer Heterogenisierung der Kultur. Aus der Kultur werden »die Kulturen«.

Auch das müsste noch nicht zwangsläufig zu einem Kulturzerfall führen. In Verbindung mit den sozialen Umwälzungsprozessen der Industrialisierung jedoch, mit dem entstehenden Massenwohlstand und der damit einhergehenden Kaufkraft kommt es zu einer umfassenden Demontage kulturermöglichender, kulturstabilisierender und kulturgenerierender Strukturen. Denn Kultur, auch die sinnlichste und barockste, basiert auf Verzicht und Askese. Schon Freud wusste, dass Kultur das Produkt einer Triebsublimation ist. Als Standardisierungssystem besteht sie aus einem komplexen System rigider Regeln der Symbolanwendung. Kultur und grenzenlose individuelle Selbstverwirklichung schließen daher einander aus, denn Kultur engt ein.

Doch Kultur ist mehr als ein normierendes Symbolsystem. Sie schafft Bedeutung, indem sie den vergänglichen und endlichen, also allen Produkten menschlichen Tuns und letztlich dem Menschen selbst, Bedeutung verleiht. Das Symbolsystem Kultur fügt der Welt der Dinge, Tatsachen und Ereignisse eine Sinnebene hinzu. Hier, auf dieser Sinnebene, versucht der Mensch symbolisch seine Endlichkeit zu überwinden, indem er dem Zufälligen, Chaotischen und Vergänglichen der Natur Regeln, Ordnung und den Anspruch auf Ewigkeit entgegensetzt. In der Kultur transzendiert der Mensch sich selbst. Sie ist Ausdruck der metaphysischen Revolte (Albert Camus) des Menschen gegen seine Sterblichkeit, der absurde Versuch, Unendlichkeit zu schaffen. Deshalb auch sind Kulturen Heldensysteme (Ernest Becker), in deren Symbolwelt der Einzelne zum unsterblichen Helden werden kann und zugleich Bilder, Epen, Opern, Balladen und Filme von Helden erzählen. Aber auch die Kultur als Ganzes ist heroisch im Sinne des Versuchs, die Endlichkeit menschlicher Existenz zu überwinden. Daher ist es nur konsequent und kohärent, dass postheroische Gesellschaften zugleich auch postkulturelle Gesellschaften sind.

Kultur will Ewigkeit, der Mensch der industriellen Moderne will jedoch das Jetzt und Hier. Kultur ist der Preis, den wir hedonistischen, friedfertigen Individualisten für unseren Lebensstil zu zahlen haben. Dieser Preis ist hoch. Doch wir erlangen für ihn ein nie gekanntes Maß an Wohlstand, Sicherheit und Gewaltfreiheit. Aufgrund der spezifischen Verfasstheit von Kultur ist es ein Irrglaube anzunehmen, Kultur sei mit einer zivilisierten, humanen, sozialen Wohlstandsgesellschaft vereinbar. Diese zerfällt in hoch disparate Lebenswelten, die ihre Postkulturalität als Multikulturalität affirmieren. Dabei darf man sich keine Illusionen machen: Die Entstehung der industriellen und spätindustriellen Wohlstandsgesellschaft geht mit einem echten Kultur*verlust* einher, nicht etwa mit einer Transformation oder einem Umbau dessen, was einmal Kultur war. Und dieser Verlust ist nicht nur ein ästhetischer oder ein Verlust an Tiefe oder Feingeistigkeit, wie traditionelle Kulturpessimisten orakelten, sondern ein handfester Verlust an Menschlichkeit. Die metaphysische Revolte Camus' findet zumindest in dem, was einmal der abendländische Kulturbereich war, nicht mehr statt. Das Bedürfnis, die eigene Sterblichkeit zumindest symbolisch zu überwinden und sich so heroisch gegen die eigene Sterblichkeit aufzulehnen, ist einer Verklärung und Feier der Diesseitigkeit gewichen.

Gefangen zwischen dem unhintergehbaren Bedürfnis nach gelebter Individualität und dem Bewusstsein der damit verbundenen Kosten in Gestalt der Auflösung der abendländischen Kultur bleibt dem Menschen der Spätmoderne nur ein aufgeklärter Kulturpessimismus. Darunter verstehe ich das Wissen, dass der Westen in eine nachkulturelle Phase eingetreten ist, dass dieser Zerfall tatsächlich einen Untergang, einen Verlust dramatischen Ausmaßes markiert, dass diese Kulturhavarie aber dennoch unausweichlich ist, wenn man zentrale Werte der Aufklärung nicht preisgeben will.

Der Kulturpessimismus ist nicht widerlegt. Nur weil eine Gesellschaft ihren eigenen kulturellen Niedergang nicht mehr wahrnimmt oder sogar noch als Fortschritt begreift, bedeutet das nicht, dass es diesen Niedergang nicht gibt. Mehr noch: Die Umdeutung von Auflösungssymptomen als Fortschritt stellt eine spezifische Form kulturellen Zerfalls dar. Die größte Gefahr, die westlichen Gesellschaft droht, entstammt nicht dem Arsenal des Kulturpessimismus, sondern der bedingungslosen Affirmation des Vorhandenen. Dies gilt um so mehr, als die klassische Kulturkritik zur Simulation ihrer selbst verkommen ist. Denn Kulturkritik im Zeitalter ihrer Vortäuschung besteht im Wesentlichen darin, das schon Gegebene zu fordern, nur noch radikaler und mit mehr Intensität.

Folglich hinterfragt der systemkonforme Querdenker aus dem Kultur- und Kunstbetrieb weder die herrschende Ideologie noch ihre gesellschaftlichen Manifestationen, deren Teil er ist, sondern kritisiert vielmehr ihre nur unzureichende Umsetzung. Konsequenterweise erschöpft sich sein Forderungskatalog in einer Liste des Mehr: mehr Offenheit, mehr Toleranz, mehr Internationalität, mehr Solidarität. So gerät institutionalisierte Systemkritik in einem System, das sich einbildet, kritisch zu sein, zur leeren Pose, auch und gerade weil Kritik, die zur Systemräson geworden ist, nur mehr Bestätigung der herrschenden Ideologie ist. Wo jedoch Kulturkritik zur Affirmation degeneriert, wird Kulturpessimismus zur letzten kritischen und aufgeklärten Option. Aufgeklärter Kulturpessimismus stellt daher auch keine politische Gefahr dar, sondern eine politische Chance. Er zerreißt den Vorhang autoaggressiver Selbstgefälligkeit, in der die westlichen Gesellschaften sich eingerichtet haben, und macht den Blick frei auf ihre Verfasstheit und ihren inneren Zustand.

Wenn Fritz Stern den Kulturpessimismus in seiner bekannten Schrift als Gefahr für Demokratie und Liberalismus deutet, so deshalb, weil er Kulturpessimismus mit revolutionärem Nationalkonservatismus gleichsetzt. Aber das ist stark vereinfachend. Zum einen, weil sich die Frage stellt, inwiefern Revolutionäre wie etwa Arthur Moeller van den Bruck, der zudem ausgesprochen modernistische Züge trug, überhaupt als Kulturpessimisten einzuordnen sind. Vor allem aber, weil Stern Kulturpessimismus mit einem unanalytischen, romantischen Idealismus gleichsetzt, einer »Art Lebensgefühl, ein Gefüge von Empfindungen und Werten, das die gebildeten Schichten aus gemeinsamen geistigen Traditionen ererbt und allmählich ihrer Stellung in der Gesellschaft angepasst hatten.«[1]

1 Stern 2005, S. 17 f.

Stern trifft hier zwar ganz gut die Stimmung des Fin de Siècle, die sich etwa in dem Bildungsbürgermilieus Europas ab den 1880er Jahren breitmachte, und die sich etwa bei Julius Langbehn widerspiegelt. Gerade deshalb historisiert er den Kulturpessimismus als Haltung des bürgerlichen Zeitaltes und diskreditiert ihn damit unter der Hand als mögliche, gut begründete kulturphilosophische Haltung. Dieser Historisierung des Kulturpessimismus möchte der vorliegende Essay widersprechen.

Nicht wenige Leser werden sich früher oder später fragen, weshalb hier nicht der Name auftaucht, den man, zumindest in Deutschland, wie keinen andereren mit dem Begriff des Kulturpessimismus verbindet: Oswald Spengler. Das liegt darin begründet, dass Spengler kein Kulturpessimist ist. Inspiriert durch die spätromantische, vor allem von Schelling beeinflusste Weltalterphilosophie Ernst von Lasaulx' und Hegels Geschichtsphilosophie, präsentiert Spengler eine Theorie zyklischer Geschichtsprozesse: Angelehnt an die Lebensphasen von Organismen, durchlaufen Kulturen Stadien der Jugend, der Reife und des Alters, sie werden groß, gedeihen, erblühen, erreichen eine Phase maximaler Entfaltung und vergehen danach schrittweise. Diese kulturhistorischen Prozesse laufen gesetzmäßig ab. Der Untergang ist somit kein Privileg des Abendlandes. Und vermeidbar ist er auch nicht. Spengler versteht seine Morphologie der Geschichte daher auch ausdrücklich als »Philosophie der Zukunft«[2], also als den Versuch, »Geschichte vorauszubestimmen.«[3] Auch wenn Spengler dem Abendland den Untergang prophezeit – übrigens nicht in seiner unmittelbaren Zukunft, sondern zweihundert Jahre später –, so ist seine Geschichtsphilosophie so wenig pessimistisch wie diejenige Hegels. Unter den hier analysierten kulturpessimistischen Autoren hätte er sich also eher fremd ausgenommen.

Dass Spengler hier so schnöde übergangen wird, ist daher auch nicht Ausdruck modischer Geringschätzung, im Gegenteil. Seine Geschichtsmorphologie mutet heutzutage grotesk an. Spenglers pluralistischer Kulturrelativismus jedoch ist angesichts der Debatten um einen möglichen Kampf der Kulturen (Samuel Huntington) hochaktuell und zugleich eine Mahnung. Denn die insbesondere bei den heutigen Eliten in Politik, Wirtschaft und Kultur so beliebte Annahme vom Sieg einer liberalen Universalkultur erschiene aus seiner Sicht absurd und gefährlich. So gesehen ist der vorliegende Essay durchaus im Geist Spenglers geschrieben.

---

2 Spengler 1923, S. 6.

3 Ebd., S. 3.

I. Nach der Kultur

KULTUR ist das, was anders sein könnte. Das unterscheidet sie von der Natur. Denn Kulturen beruhen auf Konventionen. Anders die Natur. Auch sie könnte theoretisch anders sein. Doch vor dem Hintergrund der gegebenen Bedingungen haben ihre Gesetze universale Gültigkeit. Es gibt keine unkonventionellen Naturereignisse. Wenn etwa das Glucoseniveau im Blut eines Menschen einen gewissen Schwellenwert unterschreitet, dann hat er Hunger und wird, sofern es ihm möglich ist, Nahrung zu sich nehmen. Was er jedoch isst, welche Sitten er dabei hat, welche Tischmanieren, das ist kulturell bedingt. Menschen können mit den Händen essen, mit Messer und Gabel, mit Stäbchen – sie können aber nicht nicht essen.

Allerdings ist die kategoriale Trennung von Kultur und Natur, die insbesondere das abendländische Denken seit dreitausend Jahren beherrscht, künstlich. Denn Kultur basiert auf Natur. Kultur ist, wenn man so will, Natur mit anderen Mitteln. Sie ermöglicht dem Menschen Anpassungsleistungen an seine Umwelt, die mit rein evolutionsbiologischen Mitteln ungleich länger dauern würden und sehr viel unsicherer in ihrem Ausgang wären. Zugleich prägt die Kultur die Natur. Denn Menschen haben gelernt, ihre Umwelt zu manipulieren. Etwa so, dass sie Nahrungsmittel in einem Maße bereitstellt, die den natürlichen Gegebenheiten zuwiderläuft. Das Mittel dazu bietet die Landwirtschaft, der Ackerbau, vulgo: die Kultivierung der Natur. Also genau das, was das Wort *cultura* im Lateinischen bezeichnet.

Diese Form von Kultivierung des Natürlichen war allerdings nur deshalb möglich, weil der Mensch von Natur aus ein Allesfresser ist. Er kann als Eskimo sich nahezu ausschließlich von Fisch und Robbenfleisch ernähren oder, wie die arme Landbevölkerung Europas über Jahrhunderte, weitgehend von Getreidebrei. Weder das eine noch das andere ist aus Sicht moderner Ernährungshypochonder besonders gesund, es funktioniert aber. Kultur unter dieser weit gefassten Perspektive ist also die Manipulation des natürlich Gegebenen im Rahmen des natürlich Gegebenen und damit die Eröffnung neuer Handlungsmöglichkeiten. Indem der Mensch Landschaften und Gegenstände schuf, eröffnete er sich neue Handlungsräume und erschloss sich Potentiale. Erst Kultur ermöglichte es ihm, ein Leben zu führen, das sich von demjenigen anderer Säugetiere grundlegend unterscheidet.

In diesem Sinne also ist jedes Artefakt ein Kulturgegenstand und die Fähigkeit, diese Artefakte herzustellen und ihre Produktionstechnik zu überliefern, Kultur. Das klingt nüchtern, ist es aber nicht: Der Fertigkeit, Umwelt zu gestalten, wohnt eine normative und normierende Kraft inne. Denn das Natürliche ist das Beliebige, Chaotische, Urwüchsige, Kultur hingegen das Geordnete, Systematische und Geregelte. Ihr Zweck ist Beständigkeit. Sie ermöglicht den sesshaft gewordenen Menschen Kontinuität und Stetigkeit. Kultur sichert Räume, um Zeit berechenbar zu machen. Kultur soll vor Überraschungen schützen. Aus diesem Grund ist nicht erst Religion im engeren Sinne, sondern Kultur als Ganzes Kontingenzbewältigung. Sie versucht, die Welt übersichtlicher und kalkulierbarer zu machen. Zumindest bis zur nächsten Ernte und zum Waldrand hinter dem Feld. Kultur dient insofern der Beruhigung. Sie markiert einen Bereich menschlichen Ordnungssinns gegen die Unbilden der Natur.

Damit markiert die Kultur das Eigene gegen das Fremde, den Schutzraum gegen die Bedrohung. Kultur, selbst in ihren einfachen Ursprüngen, ist daher immer mehr als ein wenig Ackerland und ein paar Hütten drum herum. Kultur hat utopisches Potential, indem ihr immer ein visionärer Überschuss implantiert ist. Sie ist Heimat im realen und Heimat im verklärten Sinne, Ort faktischen Lebens und Sehnsuchtsziel. Zugleich ist Kultur latent bedroht: durch die Natur, durch das Unberechenbare. Und zu diesem bedrohlichen Chaos gehört das Unbekannte, das Andere, das Überraschungen bergen kann. Deshalb ist Kultur permanent zu schützen, zu bewahren und zu erkämpfen. Ohne einen entschlossenen Willen zur Kultur wird Kultur untergehen. Dann wird die Natur das Geordnete und Aufgeräumte wieder in Chaos verwandeln.

Weil Kultur fragil ist, versucht sie Ordnung nicht nur im Raum zu schaffen, sondern auch in der Zeit. Aus diesem Grund tradiert Kultur sich selbst. Nur die Überlieferung ermöglicht Konstanz. Daher steht am Anfang aller Kultur die Weitergabe des Wissens über die Kultivierung der Natur, also die Ordnung des Raumes. Doch andauernde Ordnung im Raum ist nicht alles. Dauer, die wirklich dauerhaft sein will, braucht ihrerseits Struktur, also Ordnung in der Zeit. Diese schaffen Rituale. Sie kultivieren die Zeit, indem sie sie gliedern. Und sie gliedern sie anhand des einzig Gegebenen, das sich als berechenbar und dauerhaft erweist, ja als Verkörperung von Ordnung schlechthin: der zyklischen Bewegungen der Sterne, der Sonne, des Mondes. Die Himmelsphänomene in ihrer vermeintlichen Ordnung scheinen dem Chaos enthoben und erweisen sich für den prähistorischen Menschen als berechenbar. So wird Kultur, also das Schaffen von Ordnung, mit dem Kult, der Anbetung der Ordnung verklammert. Das hat Folgen für die normative Grundausrichtung von Kultur überhaupt. Als wertvoll gilt das Althergebrachte, das Überlieferte, das Stabile, dasjenige, was einer Pflege, was einer Hinwendung bedarf. Minderwertig hingegen ist das Wildwüchsige, Ungeordnete, das Plötzliche und Überraschende. Oder anders formuliert: Kultur ist konservativ.

Doch Religion verherrlicht nicht nur Ordnung, zugleich verankert sie die Kultur qua Mythos in einer sagenhaften Vergangenheit. Die Herkunft der Kultur ist nun nicht mehr dunkel oder vage, sondern sie hat einen konkreten Anfang, einen Ort und damit einen Sinn. Als sinnvoll wird die Überwindung des Natürlichen empfunden, das Versprechen auf eine zeitlose Ordnung. Zugleich verankern Mythen Herkunft und Abstammung im Raum, indem sie von Abfolgen erzählen, von Genealogien, von Gründungen und Ursprüngen. Das Chaos der Zeit wird so gebändigt. Die Kulte, die Gemeinschaften entwickeln, hegen und pflegen die Zeit, so wie der Ackerbau den Raum pflegt. Kultische Handlungen jedoch müssen organisiert, sie müssen ausgeführt und reglementiert werden. Dafür bedarf es der Ämter und Institutionen. So trägt der Kult dreifach zur Stabilisierung bei: durch Verherrlichung der Ordnung, indem er der Zeit Rhythmus und Struktur gibt, Institutionen notwendig macht, die auf Dauer angelegt sind und der natürlichen Vergänglichkeit den Anspruch kultureller Ewigkeit entgegensetzen. Diese Institutionalisierung von Ritualen führt zugleich zu einer Homogenisierung des kulturellen Gedächtnisses. Es kommt zu einer Monopolisierung der Überlieferung, Mythen und Erzählungen werden kanonisiert.

Da Kanonisierung Stabilität in einer instabilen Welt verspricht, werden immer mehr Artefakte, Überlieferungen und Herstellungsweisen in den Kanon einbezogen. Kurz: Kultur besteht ganz wesentlich aus Normierung, Kanonisierung und Standardisierung qua Regeln. Kanonisieren aber bedeutet Exklusion. Es muss zwischen demjenigen unterschieden werden, das überliefert werden soll, und demjenigen, das der Vergessenheit anheimgegeben werden kann. Folglich geht die Kanonisierung einher mit der Verfestigung und Ausprägung moralischer und ästhetischer Normen und Ideale. Es bildet sich so etwas wie ein normatives Netz, das über alle Handlungen, Entscheidungen und Artefakte gelegt wird und die Welt in gut und schlecht und mehr oder minder wertvoll einteilt. In diesem Sinne hat Kulturalisierung auch immer eine ästhetische Dimension. Mit der Unterscheidung zwischen dem zu Kanonisierenden und dem Belanglosen geht die Ausbildung ästhetischer Normen einher: vom Körperschmuck über die Kleidung bis zur Redekunst und Architektur. Sprache, Bildnisse, Schmuck werden an Schönheitsnormen ausgerichtet. Es entsteht, was später Kunst genannt wird. Die Ästhetisierung der Welt wertet die Natur jedoch zwangsläufig weiter ab. Diese steht nun nicht nur für das Chaotische, Fremde und Bedrohliche, sondern zugleich für das Hässliche, Ungestaltete, Wildwüchsige. Das Kulturelle wird zum Schönen, das Natürliche zum zu Kultivierenden.

Über drei Jahrtausende funktionierte diese Zuordnung in Europa einigermaßen zuverlässig. Dann wird sie im Zuge der Moderne dekonstruiert. Das Schöne wird aufgegeben zugunsten anderer Konzepte, Kultivierung selbst wird hinterfragt und das Natürliche rehabilitiert. Kurz: Die Moderne verabschiedet die traditionelle Idee von Kultur. Es kommt zu einer Umwertung aller Werte. Nicht das Beständige, das Geordnete, das Überlieferte, das Stabile und Althergebrachte gilt als wertvoll, sondern das Spontane, das Kreative, das Andere, das Befremdliche, Überraschende und Schockierende. Innerhalb weniger Jahrzehnte hat sich die westliche Welt von dem verabschiedet, was vormals als Ausweis einer Kulturgesellschaft gesehen wurde. Das ist zumindest erklärungsbedürftig.

Wie sehr Kultur mit Vorstellungen des Bewahrens, Veredelns und Verehrens über Jahrtausende assoziiert war, machen allein die Bedeutungsebenen des lateinischen Verbs *colere* deutlich, die von Ackerbau betreiben, ansässig sein und bewahren über schmücken, putzen, veredeln bis zu hochhalten, huldigen und anbeten reichen, also genau das umreißen, was vormoderne Kultur ausmachte. Indem diese verschiedenen Bedeutungsebenen sowohl die Idee der Kultivierung des Raumes als auch die Kultivierung der Zeit erfassen, markieren sie zugleich den Unterschied zwischen Kultur und Kult, also dem Profanen und dem Heiligen. Man könnte auch sagen: Das Bestellen des Ackers mündet in der Anbetung des Ewigen.

Doch wie betet man das Ewige an in einer Welt, in der nichts ewig ist? Indem man Ewigkeit darstellt. Anders formuliert: Man muss sie symbolisieren. Dies geschieht unter anderem dadurch, dass heilige Stätten geschaffen werden, also Übergangsräume zwischen der Endlichkeit und dem Unendlichen, dem Vergänglichen und dem Ewigen. Hier, in den heiligen Bezirken, an den Kultstätten, in Kulträumen und Tempeln wird nicht nur den Göttern gehuldigt, sondern zugleich auch den Normen, Werten und Idealvorstellungen einer Gemeinschaft. Hier wird Kultur zu einem Ensemble symbolischer Formen, zu einem System von Ornamenten, Bildern, Gesten, Zeichen und schließlich Texten. Denn Symbole sind, anders als physische Gegenstände, der Vergänglichkeit enthoben. Das bedeutet, dass Symbole nicht nur Ewigkeit darzustellen vermögen. Sie selbst konstituieren Zeitlosigkeit. Vermittels ihrer Symbole versucht Kultur mithin, sich selbst zu transzendieren und Ewigkeit in der Vergänglichkeit zu schaffen.

Dies muss naturgemäß scheitern, doch genau hierin liegt ihre menschliche Würde. Kultur ist Ausdruck der Revolte des Menschen gegen den Tod. Sie sucht Ewigkeit und Ordnung zu schaffen, wo im Grunde nur Chaos, Zufall und Endlichkeit sind. Daher ist Kultur wesentlich Religion und Religion Kultur. Oder anders: Kultur ist, folgt man T.S. Eliot, »ihrem eigentlichen Wesen nach die fleischgewordene Religion eines Volkes«.[1] In dem

1 Eliot 1949, S. 33.

Moment, in dem Kultur ihren religiösen Charakter verliert, verliert sie sich selbst. Es gibt in diesem Sinne keine säkulare Kultur. Doch dazu weiter unten mehr.

An diesem Punkt ist zunächst festzuhalten: Kulturen sind Zeichensysteme, also Codes, letztlich Sprachen. Und wie alle Sprachen wirken sie auf die eigene Sprachgemeinschaft integrierend, aber auch hierarchisch und nach außen hin exkludierend. Denn Sprachgemeinschaften unterscheiden zwischen kompetenten, weniger kompetenten und inkompetenten Sprechern. Gleiches gilt für Kulturen. Auch deren Codes werden besser oder schlechter beherrscht, wobei die Codebeherrschung sozialen Status beglaubigt. Dieses Wissen um kulturelle Codes wird traditionell Bildung genannt. Hochgebildet ist derjenige, der den symbolischen Code einer Gemeinschaft, ihre Kultur, umfassend beherrscht. Dabei wirkt Bildung als Kulturdestillator. Aus dem Angebot des Überlieferten und Kanonisierten schafft sie durch Bildungsnobilitierung ein Konzentrat dessen, was ein kompetenter Angehöriger einer Kultur wissen muss, und welches Wissen wiederum nur Fachleute, etwa Schamanen, zu haben brauchen. Zudem formt Bildung Kulturwissen zu einem expliziten Wissen um. Ist das kulturelle Wissen in Vorbildungskulturen implizit und in tradiertes, mystisch fixiertes Brauchtum eingewoben, so erfordert die Kanonisierung zum Bildungsgut eine bewusste Unterscheidung in wertvoll und weniger wertvoll.

Das Konzept der Bildung hat also eine mehrfache kulturelle Verstärkerfunktion: Es trennt das Wesentliche vom Unwesentlichen, es differenziert das Wesentliche hinsichtlich verschiedener sozialer Bedürfnisse aus, macht kulturelle Inhalte bewusst und schafft damit zugleich ein Zentrum kulturellen Wissens, das in der Lage ist, in zunehmend komplexen Gesellschaften Zusammenhang herzustellen. So ermöglicht Bildung qua Kanonisierung und Differenzierung schließlich den Übergang von vorhochkulturellen Gesellschaften zu Hochkulturen. Es bildet sich ein Spezialistentum heraus, repräsentiert durch Priester, Gelehrte, Künstler und Rezitatoren, das kulturelles Wissen bewahrt, aufzeichnet, weitergibt und zur Verfügung stellt. Damit entlassen diese Spezialisten die Gemeinschaft teilweise aus dem umfassend normierenden und streng standardisierenden System kultureller Überlieferung und ermöglichen das Entstehen einer kulturellen Peripherie. Hier, entfernt vom Zentrum der Kulturfachleute, können sich Gewohnheiten, Techniken und Mentalitäten ausbilden, die zwar im Einklang mit dem kulturellen Zentrum stehen, aber dennoch weit genug von ihm entfernt sind, um seinen Standardisierungsnormen zu entkommen und so Freiräume zu schaffen, die der Entfaltung unterschiedlicher sozialer und technischer Potentiale dienen.

Anders formuliert: Vorhochkulturelle Stammesgesellschaften synthetisierten aufgrund ihrer normativen Bindungskraft die verschiedenen Bedürfnisse und Ansprüche ihrer Mitglieder, von Männern und Frauen, Jungen und Alten, Schamanen und Jägern, Hirten und Kriegern. Damit verhinderten sie eine Ausdifferenzierung und Spezialisierung der Gemeinschaft. Sie bleibt auf ein starkes, den Alltag aller Individuen reglementierendes Netz von Überlieferungen fixiert, das Identität und Gemeinschaft durch Homogenität stiftete, zugleich aber statisch blieb. Gegenüber solchen vorhochkulturellen Gesellschaften sind Hochkulturen deutlich heterogener. Genauer: Eine Hochkultur entsteht dann, wenn das kulturelle Zentrum auf die Peripherie einer Gemeinschaft nicht mehr im umfassenden Sinne standardisierend wirken kann: »In allen Hochkulturen lockert sich das kulturelle Band, welches die Subsysteme im Sinne der Normintegration gefesselt hatte; sie gewinnen an Spielraum zur Autonomisierung und stehen nicht mehr ausschließlich unter dem Diktat verbindlicher Mythen.«[2]

Wichtig hier ist das Wort ›ausschließlich‹. Denn natürlich zeichnen sich auch und gerade Hochkulturen durch eine gewisse Homogenität und Fixiertheit auf ein normgebendes kulturelles Zentrum aus. Allerdings erlaubt dieses kulturelle Zentrum nicht Abweichungen und Differenz und damit das Entstehen von Subkulturen, die sich an der Symbolsprache und Ästhetik der normgebenden

---

2 Sieferle 1984, S. 21 f.

gesellschaftlichen Instanzen orientieren. Diese sind naturgemäß die Repräsentanten religiöser, weltlicher und ökonomischer Macht. Was als kulturelle Norm zu gelten hat, was also Kultur ist, wird daher von der jeweiligen Elite bestimmt. Das war in vorhochkulturellen Stammesgesellschaften schon so, wird in Hochkulturen, nicht zuletzt aufgrund ihrer stärkeren Diversität, jedoch offensichtlicher.

Ort der aufgegliederten Hochkultur ist die Stadt, besser: die Metropole. Sie ist Bedingung und Ergebnis der Ausdifferenzierung weitestgehend homogener Siedlungsgemeinschaften. Die Stadt ermöglicht einen Grad der Autonomisierung von Lebensräumen, der in traditionellen Siedlungen und Sozialverbänden undenkbar war. Dörfer vorhochkultureller Gesellschaften, so kann man folglich sagen, entwickeln sich dann zu Städten, wenn Umweltveränderungen die Teilautonomisierung unterschiedlicher Stammesgruppen notwendig machen und damit zugleich eine gewisse lebensweltliche und normative Trennung zum kulturbestimmenden Zentrum vollzogen wird. Hochkulturelle Städte – Babylon, Ninive oder Ur an Euphrat und Tigris, Sakkara, Memphis, Theben und Luxor am Nil – zeigen daher einen gewissen Grad an sozialer und lebensweltlicher Diversität. Das wird unter anderem dadurch ermöglicht, dass große Bevölkerungsgruppen von der unmittelbaren Nahrungsbeschaffung befreit sind. Voraussetzung dafür ist eine ertragreiche Landwirtschaft, die in der Lage ist, über den Eigenbedarf der Bauern hinaus zu produzieren und ein Heer von Handwerkern, Soldaten, Beamten, Priestern und Höflingen zu ernähren. Die landwirtschaftliche Überproduktion bedingt zugleich einen Überschuss handwerklicher Erzeugung. Da Handwerker sich nun im wesentlichen auf ihr Handwerk konzentrieren können und nicht einen Teil ihrer Arbeitszeit mit der Herstellung von Lebensmitteln verbringen, steigt die Produktivität. Überschüssige Produkte aber erfordern neue Absatzmärkte, also Handel. Dadurch entsteht nicht nur eine ganz neue soziale Gruppe von Händlern und Kaufleuten, sondern zugleich ein Warentransfer mit anderen Kulturen. Somit sorgt Handel für kulturellen Austausch.

Hochkulturen sind infolgedessen immer dynamische Kulturen. Und Kulturen, die eine gewisse Dynamik zu entwickeln vermögen, transformieren sich zu Hochkulturen. Doch Dynamik widerspricht dem konservativen Prinzip von Kultur. Aus diesem Grund sind Hochkulturen latent fragil: Sie laufen einerseits Gefahr zu erstarren, andererseits durch soziale, ökonomische oder subkulturelle Umformungsprozesse ihre Normierungskraft zu verlieren und sich aufzulösen. Insbesondere die Autonomisierung ganzer Gesellschaftsbereiche und die Interaktion mit anderen Kulturen birgt die Gefahr, dass das kulturelle Zentrum entweder seine notwendige Bindungskraft verliert oder überformt wird. T. S. Eliot zufolge dürfe »ein Volk weder zu einheitlich noch zu uneinheitlich sein (...), wenn seine Kultur blühen soll«.[3] Zu große Homogenität führe ebenso zu Tyrannei und Niedergang wie zu starke Heterogenität. Sowohl hinsichtlich sozialer, religiöser als auch regionaler Differenzen seien funktionierende Kulturen darauf angewiesen, eine Balance zwischen Differenz und Einheitlichkeit aufrechtzuerhalten. Dies gilt um so mehr, als arbeitsteilige Hochkulturen ökonomisch sehr viel erfolgreicher sind als vorhochkulturelle Gesellschaften. Die daraus entstehende Macht führt zu militärisch herbeigeführter räumlicher Ausdehnung, der entstehende Reichtum zu Zuwanderung. Im Ergebnis wächst das Herrschaftsgebiet der jeweiligen Kultur ebenso wie die Bevölkerungszahl. Neben der sozialen und kulturellen Peripherie entsteht eine räumliche Peripherie, deren Eigenständigkeit allein durch die Entfernung vom kultischen und administrativen Zentrum gegeben ist. Anders ausgedrückt: Das Entstehen einer räumlichen Peripherie verstärkt die Distanz der kulturellen Peripherie von ihrem Zentrum.

Diese Entwicklung, so Eliot, »ist nicht frei von Gefahren«. Der Grund: »Aus kultureller Spezialisierung kann sich kulturelle Auflösung ergeben, und diese Art von Auflösung ist die radikalste, die eine Gesellschaft erleiden kann.«[4] Wenn das kulturelle Zentrum seine normierende und syntheti-

---

3 Eliot 1949, S. 63.

4 Ebd., S. 29.

sierende Kraft verliert, zerfällt die jeweilige Kultur. In das entstehende Vakuum stößt entweder eine fremde Kultur oder eine periphere Subkultur, die in der Lage ist, das vakante Zentrum auszufüllen.

Eine erhebliche Gefahr für eine Kultur liegt somit paradoxerweise in ihrem wirtschaftlichen Erfolg. Je größer dieser ist, desto größer ist das Risiko der Selbstzerstörung durch Überstrapazierung der jeweiligen Normierungskraft und des Zerfalls in Diadochenkulturen oder aber die kulturelle Überformung durch ein fremdes Standardisierungssystem. Denn Normierungssysteme sind nicht grenzenlos belastbar. Ab einem gewissen Punkt gesellschaftlicher Heterogenität verlieren sie ihre integrierende und synthetisierende Kraft.

In vormodernen Gesellschaften mit vergleichsweise geringer Mobilität waren Desintegrationseffekte, die zum Untergang einer Kultur führen können, stets regional und zeitlich begrenzt. Der Standardisierungsdruck erweist sich langfristig als stärker als die sozialen, ökonomischen oder ethnischen Fliehkräfte. Die Autonomisierungsprozesse hochkultureller Agrargesellschaften laufen niemals so schnell und intensiv ab, dass sie großräumig desintegrierend wirken und die Bildung eines neuen Normierungssystems nachhaltig verhindern könnten.

Das änderte sich mit der aufkommenden Moderne. Spätestens Ende des 18. Jahrhunderts wurden einzelne Teilbereiche der europäischen Gesellschaften so schnell und stark umgeformt, dass ihre Einbindung in das jeweilige kulturelle Normierungszentrum kaum noch aufrechtzuerhalten war. Zunächst gegen den Widerstand der von den ökonomischen und sozialen Veränderungen weitgehend ausgesparten Milieus löste sich die Bindungsfähigkeit der alteuropäischen Kulturen zunehmend auf. Eine der Hauptursachen dafür war, dass sich die rasanten Veränderungen nicht auf einzelne technische, wissenschaftliche oder soziale Bereiche beschränkten, sondern ein umfassender Transformationsprozess einsetzte, der keinen Lebensbereich ausließ.

Spätestens die Industrialisierung, die mit ihr einhergehende Urbanisierung, die Neuformierung der sozialen Abhängigkeits- und Machtverhältnisse, die Zerstörung bisheriger Sozialgefüge im Zusammenhang mit technischen Neuerungen, die innerhalb weniger Jahrzehnte die Lebenswelt der Menschen mehr veränderten als in den 3000 Jahren zuvor, die Verdichtung und Beschleunigung der Kommunikation und ein mit diesen drastischen Veränderungen einhergehender tiefgreifender Wertewandel setzten Fliehkräfte frei, die unendlich stärker waren als jede kulturelle Gravitation. Selbst dort, wo sich kurzfristig neue Kulturalisierungsmuster mit Normierungspotential zeigten, wurden diese – etwa die bildungsbürgerliche Kultur des 19. Jahrhunderts – durch andere Transformationsprozesse überlagert und marginalisiert. Dies ist der Moment, in dem die Moderne modern wird. Wandel und Autonomisierung gelten nicht länger als bloße Begleiterscheinungen von technischen oder sozialen Veränderungen, sondern werden zum Ideal erhoben. Autonomisierung wird zum Selbstzweck, die kulturellen Bindungskräfte werden pulverisiert.

Fälschlicherweise und voreilig hat man diesen Zustand, die damit einhergehende Heterogenität der verschiedenen gesellschaftlichen Sprachspiele, ihre Inkommensurabilität, als postmodern bezeichnet. Doch eine Moderne, die letzte Mentalitätsbestände vormodernen Denkens überwunden hat, ist keine Nachmoderne, sondern die Moderne in ihrer modernsten Form. Hier wird die Transformation, die Neuerung, die Überwindung des Althergebrachten, die Innovation zum Wert an sich und die Zentrifugalkräfte zum Lebenselixier und Garanten der Modernität. »Das entscheidende Charakteristikum des Industriesystems«, schreibt etwa Rolf Peter Sieferle, »ist gegenüber allen Hochkulturen, dass in ihm die Autonomisierung zum universellen Prinzip geworden ist.«[5] Letztlich wird die Delegitimierung des Dauerhaften, Beständigen und Zeitlosen zum Signum der Moderne. Allerdings vollzog sich der Übergang von einer Hochkulturgesellschaft in die postkulturelle, autonomisierte Massengesellschaft nicht schlagartig und abhängig von den lokalen Gegebenheiten, der jeweiligen Industrialisierung, den sozialen Machtverhältnissen, dem Urbanisie-

5 Sieferle 1984, S. 22.

rungsstand und den politischen Traditionen. »Das Band«, so Sieferle, »das die Gesellschaft zusammengehalten hatte, riss nicht plötzlich, glatt und einheitlich, sondern Faser für Faser. Je schwächer das Band wurde, desto schneller schritt seine Auflösung voran. Wir erleben daher eine eindrucksvolle Beschleunigung der Autonomisierung, je näher wir an die Gegenwart kommen.«[6]

Diese Beschleunigung der Heterogenisierung westlicher Gesellschaften erfolgte auch deshalb, weil sie überaus erfolgreich war. Innerhalb weniger Generationen, zwischen der Mitte des 19. und dem beginnenden 21. Jahrhundert, erlebten die Menschen – nicht nur der westlichen Welt – eine Revolution der Lebensumstände, die mit der Auflistung von gestiegenen Lebenserwartungen, explodierenden Einwohnerzahlen, verkürzten Reisezeiten, marginalisierten Kommunikationszeiträumen, einer Vervielfachung des Lebensstandards und der Potenzierung des Wissens nur unzureichend beschrieben ist und sich nicht nur graduell, sondern kategorial von allem unterschied und unterscheidet, was die Menschheit bisher gekannt hat. Dabei entfaltete die moderne Industriegesellschaft eine selbstverstärkende Dynamik, die nicht nur die noch vorhandenen Restbestände traditioneller alteuropäischer Kultur sukzessive auflöste, sondern vor allem auch

6 Ebd., S. 25.

in außereuropäischen Kulturen soziale und ökonomische Umformungsprozesse auslöste, die deren Normierungsinstanzen marginalisierten.

Gegenüber den hochdynamischen Spezialisierungs- und Diversifizierungsprozessen der industrialisierten Moderne erweist sich das Konzept der Kultur als unterlegen. Kulturgesellschaften sind nicht in der Lage, schnell und umfassend auf technische und ökonomische Veränderungen zu reagieren. Sie basieren auf viskosen Standardisierungsstrukturen, die empfindlich sind gegenüber Transformationsdruck von außen.

Doch Gesellschaften, archaische ebenso wie moderne, bedürfen der Kommunikation qua symbolischer Formen. So entsteht in der Moderne ein Kulturderivat, die Massenkultur. Ihre Voraussetzung ist – neben der sozialen Entmachtung traditioneller Kulturträger und ökonomischem Massenwohlstand – die Diskreditierung des Konzepts der Kultur als Normierungssystem. Im Namen der pankulturalistischen Nivellierung möglicher kultureller Differenzen wird die Vielfalt, die Buntheit und Austauschbarkeit, kurz: die Normlosigkeit zur Norm. Wo jedoch Normlosigkeit zur Norm wird, ist die Zerstörung und Überwindung von Normen das Ideal. So werden Avantgardismus, Kreativität und Phantasie zu Fetischen der postkulturellen Gesellschaft. Dementsprechend hält es der Künstler im Zeitalter postkultureller Massenkultur für seine

Aufgabe, zu verunsichern und angeblich Gewohntes in Frage zu stellen. Wo Kulturen das Ewige verehren, delektiert sich die Postkultur an der Zerstörung des ohnehin nicht mehr Gültigen und am Einreißen längst gefallener Mauern.

Der Umschlag von der vorindustriellen Hochkultur in die Massengesellschaft erfolgt vergleichsweise zügig, jedoch nicht schlagartig. Zwischen beiden steht das bürgerliche Zeitalter als Übergangsphase und – je nach Betrachtungsweise – Gipfel europäischer Hochkultur oder Anfang vom Ende. Waren die vormodernen Feudalgesellschaften auf Bewahrung der jeweiligen Herrschaftsstrukturen ausgelegt und bezog der Adel seine Legitimität vor allem aus einer als ewig angenommenen Weltordnung, seiner Abstammung und dem Alter seiner Herrschaft, so hält mit der Entwicklung des Bürgertums die Idee des Fortschritts Einzug in die Legitimationsdiskurse. Charakteristisch für die bürgerliche Ideologie wird der Versuch des Ausgleichs zwischen Progression und Bewahrung. Als neuer gesellschaftlicher Stand, der seine Stellung und seinen ökonomischen Wohlstand vor allem ökonomischen Umbrüchen verdankte, dem neuen Bankensystem, dem Handel in Übersee, neuen Produkten und neuen Märkten, war das sich formierende Bürgertum der Neuzeit der Idee der Innovation verpflichtet. Zudem konkurrierte es hinsichtlich seiner gesellschaftlichen Anerkennung und Reputation mit dem Adel. Fortschritt und

Wandel werden wesentliche Bestandteile bürgerlicher Ideologie.

Das bürgerliche Weltbild vereint somit Fortschrittsglauben und Innovationsvertrauen mit der Idee des Bewahrens. Das funktioniert nur, wenn der in diese Konstellation eingewebte Widerspruch ideologisch überformt wird. Normative Achse der bürgerlichen Weltanschauung wird daher, wie Panajotis Kondylis herausgearbeitet hat, der Harmonisierungsgedanke. »Der Versuch, Fortschritt und Ordnung, Entwicklung und in sich ruhendes Ganzes, Dynamik und Statik theoretisch in Einklang zu bringen und wenigstens zusammenzudenken, stellte einen bedeutenden Aspekt des allgemeinen bürgerlichen Harmonisierungsbestrebens dar.«[7] Allerdings konnte dieses Streben nach Ausgleich die Zeit- und Fortschrittsorientierung der bürgerlichen Welt nicht kompensieren. Zu stark war der in der bürgerlichen Ideologie eingebaute Impuls, Progressives zu generieren oder zumindest zu akzeptieren, zu sehr definierte sich das Bürgertum letztlich über seine Modernität. Entsprechend wurde der Wunsch nach Ewigkeit und Dauer ausgelagert. Soziologisch durch die Entstehung eines Bildungsbürgertums, institutionell durch die Schaffung von Museen und Kunstsammlungen. Die Beschäftigung mit der Kunst wird konsequenterweise akademisiert. An den Universitäten werden entsprechende

---

7 Kondylis 1991, S. 34.

Studienfächer eingerichtet. Auch die künstlerische Praxis wird akademisch institutionalisiert, es entstehen Kunstakademien. Im bürgerlichen Bildungsideal schließlich wird versucht, beides zu vereinen: technisches Wissen und humanistische Bildung. Und auch die bürgerliche Ehe ist der Versuch, Kalkül und Herz, Vernunft und Sinnlichkeit, Ethik und Leidenschaft miteinander in Einklang zu bringen.

Das doppelgesichtige Bedürfnis des Bürgertums nach Fortschritt und Rationalisierung einerseits und dem Ewigen und Unvergänglichen andererseits kristallisiert sich auch in der gestaltgewordenen Gleichzeitigkeit von technischer Revolution und ästhetischem Historismus. Ihr Sinnbild ist die Fabrikhalle mit gotischer Fassade. Am deutlichsten wird dieser innere Widerspruch jedoch in den Künsten. Hier, in bildender Kunst, Architektur und Musik, wird der Untergang des bürgerlichen Zeitalters und mit ihm der Niedergang der letzten Kulturepoche der westlichen Welt am frühesten greifbar. Es sind Künstler und Intellektuelle, die sich als erste gegen die bürgerliche Synthese und Harmonisierungsideologie wenden und beginnen, zunächst deren ästhetische Normen zu zerstören. Als wertvoll gilt ihnen nicht die Verbindung von Fortschritt und Beständigkeit, von Erneuerung und ewig Gültigem, vielmehr verselbständigt sich die Idee der Progression. Aufgegeben wird das Ideal des Zeitlosen. Gefeiert wird die Veränderung. Gesucht wird ein neuer Normenkanon, der die Aporien des bürgerlichen Denkens hinter sich lässt. Dieses wird in seinem Harmoniebemühen als spießig, als philisterhaft wahrgenommen und soll zugunsten einer radikal modernen Normativität überwunden werden, die zugleich eine neue Zeit einläuten soll.

Pointierter Ausdruck dieses Denkens ist die künstlerische und intellektuelle Avantgarde. Sie tritt an, die bürgerliche Ästhetik in Trümmer zu legen. Was an deren Stelle treten soll, bleibt unklar und umstritten. Nur radikal, kompromisslos und gänzlich anders soll alles werden: die Kunst, die Gesellschaft, der Mensch.

Dabei bilden sich *grosso modo* zwei Lager, deren Zukunftsvisionen auf der Trennung dessen beruhen, was zuvor im bürgerlichen Denken vereint war: Technizismus und Naturromantik. Auf der einen Seite sammelt sich eine radikal futuristische Fraktion, die von der Zerstörung der Überlieferung phantasiert. Sie verkündet den Tod des Ornaments, preist die Maschine, die Geschwindigkeit, die Ästhetik der modernen Technik und vergöttert die Form, die der Funktion folgen soll. Ihr gegenüber stehen jene, die aus der Enge der technisierten bürgerlichen Lebenswelt ausbrechen wollen und dabei an Denkmotive der Romantik anknüpfen. Hier begeistert man sich für das Irrationale, das Triebhafte und Unbewusste oder flüchtet sich in neue Mythologien, in Esoterik und Theosophie und huldigt einem neuen Kult der Natur und des Natürlichen.

Gesellschaftliche Präsenz erfahren diese ästhetischen Grundkonzepte in Gestalt zweier Archetypen antibürgerlicher Selbstinszenierung: des Bohemiens bzw. Dandys und des Aussteigers. Beide Figuren entspringen dem bürgerlichen Individualismus und radikalisieren diesen. So ist es auch kein Zufall, dass sie zeitgleich in der sich formierenden Massengesellschaft des 19. Jahrhunderts auftauchen, von der sie sich abheben wollen. In ihrem Bemühen, zwei zutiefst bürgerliche Konzepte, den Kult um das Schöne und die Anbetung der Natur, in bewusst antibürgerlicher Weise zu leben, werden Bohemien und Aussteiger zu Sinnbildern der Pathologien des Antibürgerlichen.

Die Auflösung der bürgerlichen Bildsprache im Namen des Fortschritts treibt die Künstler der Avantgarde in eine möglichst reine Ästhetik, in einen Purismus der Darstellung und der Form. Das Ergebnis dieser Suche ist ein pluralistisches Nebeneinander, das man auch als »entfesseltes Chaos«[8] beschreiben kann. Man proklamiert das reine Sehen, die reine Abstraktion, Grundformen und Grundfarben. Die Lösung, die dabei gefunden wird, ist selbstredend heterogen. »Es zeigt sich überall eine Neigung ins Extreme zu gehen, eine Polarisierung.«[9] Das Ergebnis: »Die Kunst strebt fort von der Mitte. Das gilt sowohl von der Auf-

8 Sedlmayr 1948, S. 110 f.
9 Ebd., S. 146.

gabe der Kunst, wie von dem Verhältnis der Kunstarten zueinander.«

Kunst, hier *pars pro toto* für alles, was einmal menschliche Kulturleistung war, wird in letzter Konsequenz exzentrisch. Das liegt in der Logik der Überwindungs- und Fortschrittsideologie, die sie aus dem Ideologiereservoir des Bürgertums übernommen und radikalisiert hat. Wo jeder Avantgarde sein will, wird nur noch das Avantgardesein, der neue Blick, die neue Perspektive, die Zerstörung des Alten zum Maß der Dinge. Also wird alles Kunst und im selben Rahmen alles Kultur. Wo aber »alles Kunst oder Kulturgut sein kann, da muss es keine Künstler und Kulturträger im bürgerlichen Sinne geben. Reklame, Konsum, Unterhaltung und Kultur können so zusammenfallen.«[10]

Zu den paradoxen Effekten des Willens zum Avantgardismus gehört daher seine Selbstaufhebung und das Ende der Avantgarde als Trash der Massenkultur. Denn wenn jeder ein Künstler, alles Kunst und jede Lebensäußerung Kultur ist, verkommt das Ideal der Konventionsbrechung zum Eskapismus. Was einmal als Hinterfragung steriler Standards begann, gerät zur Rechtfertigungsideologie des Obszönen.

Insofern sind die ordinären Selbstinszenierungen des Durchschnittsbürgers, die man auf den Straßen der westlich geprägten Welt und in ihren Mas-

---

10 Kondylis, a. a. O., S. 206.

senmedien erleben darf, und die vulgäre Ästhetik, die in vielen Bereichen des etablierten Kunst- und Kulturbetriebes zum guten Ton gehört, zwei Seiten derselben Medaille.

Die Idee des Fortschritts degeneriert endgültig zum wahllosen Bruch von Normen, die kaum noch jemand als Normen empfindet, garniert mit technischen Weiterentwicklungen, die mangels anderer Perspektiven zu Kündern eines neuen Zeitalters hochgejubelt werden.

Dieser technische Fortschritt ist auch deshalb so inhaltsleer, weil er sich im wesentlichen im Bereich der Medientechnologie abspielt. Medien aber brauchen Inhalte. Doch die postkulturelle Gesellschaft ist nicht mehr in der Lage, Inhalte zu generieren. Konsequenterweise werden Medien zum neuen Medieninhalt. Ihr Sinnbild ist das soziale Netzwerk, also ein Medium, in dem Inhalte von Medien kommuniziert werden, die selbst wieder medial sind. Und selbstredend regiert auch hier wieder die Aufmerksamkeitsökonomie des Ordinären. Was mit Donatello begann, endet in der Selbstdarstellung des Kleinbürgers. Das ist der Punkt, in dem Europa, die von ihm unmittelbar geprägten Länder und weite Teile der sich am Westen orientierenden Regionen der Welt endgültig in das Stadium der postkulturellen Weltkultur eintreten. Denn Weltkultur kann es nur geben, wenn Kulturen sich aufgelöst haben, wenn, wie Kondylis formuliert, »Kultur überhaupt und als solche nicht mehr als übergeordnete Sphäre aufgefasst wird«[11]. Eine solche universale Nachkultur hat nur noch eine politische Aufgabe. Sie soll integrieren und die letzten noch bestehenden Unterschiede nivellieren. Ziel ist der globale Melting Pot, aus dem sich jeder nach seiner Fasson bedienen kann. Dabei kommt es »nicht so sehr auf die Inhalte an, die fast beliebig austauschbar sind, sondern auf das freie Kombinationsspiel selbst entsprechend dem jeweils interessierenden aktuellen Lebenszusammenhang«[12].

So wird das globale Verschwinden von Kultur zur Bedingung einer globalen Weltkultur. Denn nur wo regionale Identität und Herkunft keine Bedeutung und keinen Sinn mehr haben und Menschen sich als einen in einer Gegenwartsblase aufgestellten Setzkasten begreifen, der frei, beliebig und nach Gusto mit den jeweils aktuellen Versatzstücken der globalen Massengüterindustrie befüllt werden kann, hat sich eine wahrhaft universale Weltkultur verwirklicht. Mit dem Stadium der kulturellen Entropie hat der Fortschritt seine Endphase erreicht.

---

11 Kondylis a. a. O., S. 209.

12 Ebd.

II. Fortschritt

»ENDLICH sind alle Schatten vertrieben. Welche ein Lichts strahlt von allen Seiten! Wie viele große Männer auf jedem Gebiet! Welch Vollkommenheit der menschlichen Vernunft!«[1], jubelt Anne Robert Jacques Turgot, späterer Ökonom und Staatsmann, Marineminister und Generalkontrolleur der Finanzen unter Ludwig XV., in seiner 1750 gehaltenen Rede.

Vor der Menschheit, insbesondere vor der französischen Menschheit, da ist sich der Gelehrte sicher, liegt eine Epoche des Fortschritts. Und das bedeutet in diesem Fall: eine Vermehrung des wissenschaftlichen Wissens, der endgültige Sieg der Vernunft und eine damit einhergehende Vervollkommnung der Künste und der Kultur. Denn Fortschritt ist für Turgot unvermeidbar. Er liegt in der menschlichen Natur selbst: »Wahrscheinlich enthält der menschliche Geist überall das Prinzip der gleichen Fortschritte, aber die Natur verteilt ihre Gaben ungleich.«[2] Fortschritt ist also menschliche Anlage plus klimatisch günstige Umstände. Einmal aus dem Sumpf der Barbarei befreit, ent-

1 Turgot 1990, S. 162.
2 Ebd., S. 142.

faltet sich der menschliche Geist zu mehr Wissen und zivilisatorischer Veredelung mit naturgesetzlicher Notwendigkeit. Reiche entstehen, Reiche vergehen, doch der Fortschritt wird immer weitergereicht. Allenfalls kann er durch ungünstige Umstände zwischenzeitlich ins Stocken geraten. Doch aufzuhalten ist er nicht. Und nun, in der Mitte des 18. Jahrhunderts, da ist sich Turgot sicher, sei der Damm endgültig gebrochen. Descartes, Newton, Leibniz, sie allein sind Zeichen dafür, dass der Fortschritt eine unumkehrbare Dynamik gewonnen hat. Und nicht nur in den Wissenschaften, auch in den Künsten: »Welch eine Vielzahl an öffentlichen Bauwerken, von genialen Erzeugnissen, von neu erfundenen und vervollkommneten alten Künsten! Wer könnte sie vollständig beschreiben? Öffnet die Augen und seht selbst!«[3]

Als Turgot seine Hymne an den Fortschritt erklingen lässt, ist er noch Prior der Sorbonne, mithin in einer geistlichen Funktion. Der religiöse Unterton, die geradezu heilsgeschichtliche Perspektive, die er aufmacht, ist somit alles andere als Zufall. Und er ist hochmodern. Denn Turgot gibt die Grundmelodie für das Konzept von Fortschritt vor, das bis in unsere Spätmoderne hinein uneingeschränkte Gültigkeit hat. Mehr noch: Genauer betrachtet ist es gültiger denn je. Denn Fortschritt stellt für Turgot eine im Grunde unaufhaltsame

3 Turgot 1990, S. 163.

Bewegung dar, hin zu einer globalisierten, durch Handel und Wirtschaft gezähmten Universalkultur: »Der menschliche Geist wird aufgeklärter und die isolierten Nationen nähern sich einander an. Schließlich verbinden Handel und Politik alle Erdteile wieder miteinander, und die Gesamtheit der menschlichen Gattung bewegt sich im Wechsel von Ruhe und Bewegung, von Gutem und Bösem, zwar langsam, aber stetig auf eine größere Vollkommenheit hin.«[4]

Ob diese Idee des Fortschritts selbst ein Fortschritt war, darüber lässt sich streiten. Klar ist jedoch, dass die Vorstellung, es gäbe so etwas wie eine grundlegend positive Entwicklung in der Geschichte, einen immanenten Prozess permanenter historischer Evolution, in dessen Rahmen alles oder zumindest vieles besser, angenehmer und schöner wird, jüngeren Datums ist. Die Gründe dafür sind zunächst einfach zu benennen. Fortschritt kann es nur dort geben, wo sich überhaupt etwas verändert. Und über Jahrhunderte änderte sich für die meisten Menschen überhaupt nichts. Ein Landwirt der Spätantike hätte sich auf dem Hof eines Bauern der Frühneuzeit und in dessen Dorfgemeinschaft relativ schnell und unkompliziert zurechtgefunden. Die Lebenswelt war die gleiche, die technischen Unterschiede und Fertigkeiten gering, das Brauchtum ähnlich, die Gedankenwelt

4 Ebd., S. 140 f.

vergleichbar. Vor allem: Beide Landwirte hätten mit der Idee des Fortschritts wenig anfangen können. Ihre Lebenswelt ermöglichte keine Erfahrung, die das Konzept eines Fortschritts in irgendeiner Weise hätte rechtfertigen können. Beide hatten, sofern sie sich überhaupt über solche Fragen Gedanken machten, ein zirkuläres Weltbild, vorgegeben durch den Takt ihrer Lebenswelt, die immer wiederkehrende Abfolge der Jahreszeiten, begleitet von entsprechenden Festtagen. Wenn etwas Außergewöhnliches diese stete Wiederkehr des Gleichen unterbrach, dann war es eine unerwartete Katastrophe, eine Dürre, ein Unwetter oder Krieg. Veränderung war, sofern überhaupt vorhanden, mithin nicht positiv konnotiert. Nur die Stabilität verhieß gute Überlebensbedingungen. Das Unerwartete, das Überraschende hingegen war immer bedrohlich. Einer Gesellschaft, die von solchen Erfahrungen geprägt wird, ist Fortschritt fremd.

Nicht aber der Untergang. Denn wo Stabilität und Sicherheit die höchsten Werte sind, da gibt es die Erfahrung von Auflösung und Verlust. Das ist der einfache Grund dafür, dass die abendländischen Kulturen über Jahrhunderte einen Begriff von Niedergang und Zerfall hatten, nicht aber vom Fortschritt. Fortschritt und Untergang sind also keine komplementären Begriffe. Sie bedingen einander nicht wechselseitig. Es gibt Niedergang ohne Fortschritt, niemals aber Fortschritt ohne Niedergang. Das hat weitreichende Folgen: Zum einen bekommt die Furcht vor dem Niedergang, dort wo die Idee des Fortschritts auftritt, einen neuen Beigeschmack. Zum anderen entwickelt die Vorstellung vom Fortschreiten vor dem Hintergrund der jahrtausendealten Vorstellungen vom Untergang eine ganz spezifische Konnotation. Fortschritt ist nicht einfach nur die Umkehrung des Niedergangs, also ein Schreiten in eine andere Richtung, eine Bewegung nicht nach unten, sondern eben nach vorne. Der Fortschritt, sobald er als Konzept im Denken Europas auftaucht, legt seine räumliche Bildlichkeit ab und bekommt eine genuin zeitliche bzw. historische Lesart. Das hat erhebliche Konsequenzen, denn das Denken in der Kategorie des zeitlichen Fortschreitens selbst erweist sich als fortschrittlich und hebt sich von der biologischen und naturalen Rhetorik des Niedergangs semantisch ab. Der Fortschritt beglaubigt seine Modernität an sich selbst.

Natürlich gab es auch schon Fortschritt vor dem Fortschritt. Doch derjenige der Antike ist immer ein partieller. Es gibt technische Verbesserungen, manchmal auch kulturelle Weiterentwicklungen. Thukydides etwa ist sich sehr wohl bewusst, dass die Hellenen früher ähnliche Sitten hatten wie die Barbaren und inzwischen ungleich zivilisierter sind. Aber dieser implizite Fortschritt ist ein örtlicher und begrenzter. Er ist jederzeit gefährdet. Er hat keine weltgeschichtliche Garantieerklärung. Jederzeit könnte die Geschichte auch wieder eine andere Richtung einschlagen. Fortschritt ist auch bei Thukydides keine historische Kategorie. Geschichte erweist sich vielmehr als ein Auf und Ab. Insbesondere der hier nicht weiter analysierte Spengler wird an dieses antike Geschichtsverständnis anknüpfen.

Wo es aber kein Vorausschreiten der Weltgeschichte gibt und Ordnung und Stabilität latent bedroht sind, da ist der Status quo dauerhaft in Frage gestellt, da neigt Geschichte zum Zerfall. Und so ist es kein Zufall, dass die großen Historiographen der römischen Antike ausschließlich Niedergangsgeschichten erzählen. Sie geben damit die Grundmelodie vor für alle ähnlich gelagerten Erzählungen der Neuzeit.

Doch gleichgültig, ob Geschichte als Fortschritts- oder als Zerfallsepos erzählt wird, klar ist, dass damit die Sphäre des Menschlichen vom Ewigen abgerückt wird, d.h., vom Göttlichen. Denn das Göttliche ist unveränderlich. Es degeneriert nicht, es schreitet nicht voran. Götter entwickeln sich nicht. Entweder sind sie schon lasterhaft oder sie werden es nie. Auf keinen Fall steigt ein Gott moralisch auf oder ab. Er macht auch keine Erfindungen. Die Götter bleiben gefangen in ihrer Unsterblichkeit. Sie sind veränderungsresistent. Deshalb kann man zwar Geschichten über sie erzählen, eine Geschichte aber haben sie deshalb noch nicht. Denn Geschichten werden zu Geschichte erst vor dem Hintergrund der Endlichkeit.

Über Jahrtausende, so dürfen wir vermuten, bleibt der Raum der Menschen verwoben mit dem der Götter. Noch in der »Ilias« greifen Götter in das Schicksal der Menschen ein, retten oder richten zugrunde. Nie sind die Menschen allein unter sich. Und beide, Menschen wie Götter, sind dem Schicksal als übergeordneter Instanz ausgeliefert. Letztlich sind beide getrieben von dem Numinosen, das sie sich selber sind – mit dem einzigen Unterschied, dass die einen unsterblich sind und deshalb auch unbelehrbar. Deshalb kennt die »Ilias« weder das Gute noch das Böse, sondern nur das schicksalhafte Ereignis. Hier kämpfen nicht Helden gegen Schurken oder gute Götter gegen böse Götter. Der Ausgang des Konfliktes ist daher gleichgültig. Er ist nicht verbunden mit der Idee des Fortschritts durch Niederringung der Feinde der Zivilisation oder des Untergangs durch den Sieg der Barbarei. Nur eines gilt es zu erobern: ewigen Ruhm. Dass Achilleus, anders als Odysseus, beides nicht haben kann: ein langes Leben und ewigen Ruhm, besiegelt sein Schicksal. Doch auch der Ruhm des Achilleus gründet nicht in seiner moralischen Haltung, sondern in seiner Tapferkeit. Deshalb ist nach dem Sieg der Griechen die Welt nicht besser. Der Trojanische Krieg brachte keinen Fortschritt.

Historischen Fortschritt kann es nur geben, wenn die Geschichte eine Richtung, ein Ziel hat. Und dieses Ziel ist die Erlösung von dem Übel, vielleicht sogar von dem Bösen. Doch die Überwindung der Übel der Welt liegt nicht in des Menschen Hand. Die Verbesserung der Welt ist somit fest verbunden mit der Gewissheit einer transzendenten Instanz, die willens und in der Lage ist, das Geschick der Menschen tatsächlich zu einem Besseren zu wenden. Eine solche Instanz schildert erstmals der Pentateuch. Hier tritt ein Gott auf, der seinem auserwählten Volk tatsächlich eine substantielle historische Verbesserung verspricht, ein gelobtes Land, eine neue Welt. Unverkennbar bekommt hier Geschichte erstmals eine heilsgeschichtliche Komponente, eine Richtung, ein Ziel. Und nicht nur eine Verbesserung der Lebensumstände, ein eigenes Reich und Herrschaftsautonomie verspricht Jahwe seinem Volk, zugleich hebt er es dauerhaft auf eine neue Zivilisationsstufe. Er gibt ihm Gesetze und Gebote und befreit es so aus der Barbarei.

Dieser Prozess ist bedroht. Einerseits von außen, vor allem aber auch von innen. Denn immer wieder wird die Alleinherrschaft Jahwes in Zweifel gezogen, kehren heidnische Kulte zurück in die religiöse Praxis. Doch Jahwe garantiert den einmal eingeschlagenen heilsgeschichtlichen Weg, und sei es durch drakonische Strafen, etwa durch die Niederwerfung des Nordreichs Israel durch die Assyrer im Jahr 721 v. Chr. oder die Eroberung des Südreichs Judäa durch Nebukadnezar 597. Unglaube, Verführbarkeit und Ungehorsam gegenüber Jahwes Geboten führen dazu, dass der Weg zum Heil für das auserwählte Volk immer wieder selbstverschuldete Rückschläge erfährt. Die Konsequenz: Der Fortschritt als historisches Konzept wird bereits in dem Moment in Frage gestellt, in dem er im menschlichen Denken auftaucht. Ihm entgegengesetzt wird erstmals ein leiser punktueller Kulturpessimismus in Form der Mahnungen der Propheten. Sie stellen der heilsgeschichtlichen Utopie eine in der menschlichen Sündhaftigkeit wurzelnde Dystopie entgegen, der zufolge der Mensch nicht heilsfähig und der Liebe und Zuwendung Jahwes nicht wert sei.

Eindringlichstes Zeugnis dieser ersten drastischen Kulturkritik ist das Buch Jeremia: »Man hört ein klägliches Heulen und Weinen der Israeliten auf den Höhen, weil sie übel getan und den Herrn, ihren Gott, vergessen haben« (Jer 3,21), heißt es zu Beginn, gefolgt von der Mahnung: »Kehrt zurück, ihr abtrünnigen Kinder, so will ich euch heilen von eurem Ungehorsam« (Jer 3,22). Doch wenn Gehorsam die Voraussetzung zur Heilung vom Ungehorsam ist, wie soll jemals ein Ungehorsamer Gehorsamkeit erlernen? Und so nimmt es kein Wunder, dass das Volk durchweg verdorben ist. Das Volk opfert anderen Göttern und betet Götzenbilder an, es ist halsstarrig und wendet sich ab von seinem Herrn. »Sie gieren alle, Klein und Groß, nach unrechtem Gewinn, Priester und Propheten gehen mit Lüge um und heilen den Schaden meines Volkes nur obenhin, indem sie sagen

›Friede! Friede!‹, und ist doch nicht Friede. Sie werden mit Schande dastehen, da sie solche Greuel getrieben haben; aber sie wollen sich nicht schämen und wissen nichts von Scham. Darum sollen sie fallen unter den Fallenden, und wenn ich sie heimsuchen werde, sollen sie stürzen« (Jer 8,10ff.).

Die Strafe für den Bundesbruch ist von bedingungsloser Härte, nämlich Krieg und Vernichtung: »Und ich selbst will wider euch streiten mit ausgestreckter Hand, mit starkem Arm, mit Zorn und Grimm und ohne Erbarmen und will die Bürger dieser Stadt schlagen, Menschen und Tiere, dass sie sterben sollen durch eine große Pest« (Jer 21,5f.). Wer dann noch lebt, den aber wird Jahwe »in die Hände Nebukadnezars, des Königs von Babel, geben und in die Hände ihrer Feinde und in die Hände derer, die ihnen nach dem Leben trachten« (Jer 21,7).

Dystopische Visionen verbinden sich hier mit unverstellter Kulturkritik, die zudem mit ihrer Anklage gegen die Verderbtheit der gesellschaftlichen Eliten eindeutig sozialrevolutionäre Züge trägt. Die Verwerflichkeit der Herrschenden kann jedoch den Heilsplan allenfalls aufhalten, jedoch nicht prinzipiell gefährden. Und so errettet Jahwe sein Volk aus babylonischer Gefangenschaft. Auffällig ist, dass sich in den prophetischen Mahnungen, wie man sie bei Jeremia, aber auch bei Jesaja und anderen findet, also in Texten des 6. bzw. 8. Jahrhunderts v. Chr., bereits gängige Motive späterer

Kulturkritik finden. Dies gilt insbesondere für die Klage über die Stadt als Hort der Sünde, des Wuchers, der Geldgier, Ausschweifung und Prostitution, exemplarisch verkörpert durch Jerusalem und Babylon.

Dominierend und die eigentliche intellektuelle Innovation jüdischen Geschichtsdenkens ist jedoch das Konzept eines historischen Fortschritts, das hier erstmals auftaucht. Nur der einzelne und transzendente Gott garantiert einen Heilsplan, der die Vorstellungskraft und das Erfahrungswissen einzelner Menschengenerationen übersteigt. Denn auch die Welt der Israeliten kannte keinen umfassenden historischen Fortschritt. Mehr noch: Die Realgeschichte des jüdischen Volkes liest sich vor allem als eine Chronik des Verlustes, des Exils und der Fremdherrschaft, mithin als eine Aneinanderreihung von Rückschlägen. Die Idee des Fortschritts, so könnte man daher formulieren, tritt in der Menschheitsgeschichte erstmals als Utopie auf. Umgekehrt verhindert die vermeintlich realisierte Utopie allerdings das Aufkommen der Idee eines historischen Fortschritts. Paradigmatisch hierfür steht die »Pax Romana«. Der römische Friede markiert für viele Zeitgenossen das Ende der Geschichte, einen Idealzustand von Frieden und Wohlstand. Das Römische Imperium erscheint als ewig, als zeitlos, als Ausdruck einer historischen Mission und somit als Gipfel menschlicher Zivilisation. Historischer Fortschritt ist hier nicht denkbar, allenfalls, wie schon im griechischen Kontext, als Bewusstsein für lokale Verbesserungen, die aber auch jederzeit wieder in Vergessenheit geraten können.

Beispielhaft für das römische Superioritätsbewusstsein in technischen und kulturellen Dingen schreibt Lukrez schon in der Spätphase der Republik: »Schiffahrt, Ackerbau, Errichtung von Mauern, Gesetze, Waffen, Straßen, Bekleidung und alles ähnlich Gute, Ehren, und alles, was irgend zur Lebensverfeinerung beitrug, Lieder und Bilder und alle die sonstigen bildenden Künste, lehrte Erfahrung und Übung den mählich von Stufe zu Stufe vorwärts schreitenden Geist, der unverdrossen sich mühte. [...] Bis man in jeglicher Kunst zu dem höchsten Gipfel gelangt ist« (De rerum natura, 5. Buch, 1448–1456). Doch wenn man auf dem höchsten Gipfel steht, ist ein weiterer Aufstieg nicht möglich. Die eigene Kultur, die eigenen technischen Fähigkeiten, die eigene Rechtsordnung erscheint als Erfüllung des Denkbaren und Wünschenswerten. Auch ein Zerfall ist vor diesem Hintergrund kulturell-technischer Vollkommenheit nur schwer vorstellbar, selbst wenn die römische Kultur im Kern vom eigenen moralischen Niedergang überzeugt ist und hieraus ihr Ethos bezieht. Doch dazu später.

Ins Heilsgeschichtliche überformt wurde das imperiale Bewusstsein des sich im Römischen Frieden manifestierenden Endes der Geschichte durch die Christianisierung des Reiches. Durch sie verschmolz die Vorstellung einer römischen Posthistoire mit dem Endzeitbewusstsein des antiken Christentums. Das Römische Imperium stellte nun nicht einfach einen Idealzustand dar, sondern den letzten Akt einer Heilsgeschichte. Die gleichsam homöostatische Zielepoche der Geschichte wurde umgedeutet in eine Übergangsphase, die dem Kommen des Gottesreiches unmittelbar vorangeht. Vor diesem Hintergrund bekam der bisherige Ablauf der Geschichte eine ganz neue Dramaturgie. Die Abfolge der Reiche, der Aufstieg und Niedergang ganzer Dynastien erschien nunmehr als Ausdruck eines historischen Fortschritts in religiös-sittlicher Absicht, der mit der Vertreibung aus dem Paradies seinen Anfang genommen hatte und nun im christlich gewordenen römischen Imperium seinen Abschluss in der Zeit fand. Jetzt musste mit der erwarteten Wiederkunft Christi nur noch die Zeit selbst an ein Ende kommen und die Herrschaft Gottes anbrechen. Dabei ist es nicht ohne Ironie, dass diese heilsgeschichtliche Erzählung das Produkt einer Verlegenheit war. Denn ohne Zweifel ging man in der Jerusalemer Urgemeinde und ihren Ablegern in Galiläa und Damaskus, also in der Anhängerschaft Jesu und ihrem Umfeld, von einer unmittelbar bevorstehenden, nur in Wochen oder Monaten zu rechnenden Parusie aus. Berufen konnte man sich dabei auf Jesus selbst, der zwei Tage vor dem letzten Abendmahl das Kommen des Menschensohnes in die Lebenszeit der Jünger datiert hatte: »Dann werden sie euch der Bedrängnis preisgeben und euch töten. Und ihr werdet gehasst werden um meines Namens willen von allen Völkern« (Mt 24,9). Deshalb, so hatte Jesus schon bei der Berufung der Zwölf verkündet, sollten sie von einer Stadt in die nächste fliehen. »Wahrlich ich sage euch: Ihr werdet mit den Städten Israels nicht zu Ende kommen, bis der Menschensohn kommt« (Mt 10,23).

Doch die Wiederkunft des Herrn ließ auf sich warten. So musste Paulus ungefähr zwanzig Jahre nach dem Kreuzestod des Messias trösten: »Denn das sagen wir euch mit einem Wort des Herrn, dass wir, die wir leben und übrig bleiben bis zur Ankunft des Herrn, denen nicht zuvorkommen werden, die entschlafen sind. Denn er selbst, der Herr, wird, wenn der Befehl ertönt, wenn die Stimme des Erzengels und die Posaune Gottes erschallt, herabkommen vom Himmel, und zuerst werden die Toten, die in Christus gestorben sind, auferstehen. Danach werden wir, die wir leben und übrig bleiben, zugleich mit ihnen entrückt werden auf den Wolken in die Luft, dem Herrn entgegen« (1 Thess 4,15 ff.). Und noch einmal gut fünfzig Jahre später muss der Verfasser des zweiten Petrusbriefes klarstellen: »Eins aber sei euch nicht verborgen, ihr Lieben, dass ein Tag vor dem Herrn wie tausend Jahre ist und tausend Jahre wie ein Tag. Der Herr verzögert nicht die Verheißung, wie es einige für eine Verzögerung halten; sondern er hat Geduld mit euch und will nicht, dass jemand verloren werde, sondern dass jedermann zur Buße finde.« (2 Petr 3,8 ff.).

Doch die Parusie blieb aus. Und das bedeutete für die Anhänger der jungen Religion, dass sie sich in der Geschichte einzurichten hatten, von der sie noch vor kurzem angenommen hatten, dass sie bald an ihr Ende komme. Die Geschichte aber wollte nicht enden. Mehr noch: Das Römische Reich wurde selbst christlich und bekam so heilsgeschichtliche Dimension. Tatsächlich schien hier die weltliche Geschichte ihren Endpunkt gefunden zu haben. Hatte nicht schon Daniel König Nebukadnezar ein Viertes Reich prophezeit, das alle Reiche zerstören werde? Und wurde nicht geweissagt, während dieses Vierten Reiches werde »der Gott des Himmels ein Reich aufrichten, das nimmermehr zerstört wird; und sein Reich wird auf kein anderes Volk kommen. Es wird alle Königreiche zermalmen und zerstören, aber es selbst wird ewig bleiben« (Dan 2,44)?

Das Vierte Reich, das war den spätantiken Christen klar, war das Römische, und es würde abgelöst werden durch die Königsherrschaft Gottes. Für die Idee des Fortschritts bedeutet das zweierlei: Zum einen ist Fortschritt immer gebunden an ein Ende. Fortschritt im antiken Denken ist, wenn überhaupt, niemals unendlich, sondern läuft auf einen finalen idealen Zustand zu. Und Fortschritt hat immer eine kosmische Dimension. Wenn das ideale Endstadium erreicht ist, dann ist alles, Universum, Welt, politische Ordnung und Menschheit, in einem abschließenden Stadium vollendeter

Entwicklung. Wo aber Fortschritt nur als ein letzter Akt hin zu einer überweltlichen Sphäre gedacht wird, ist er eingebunden in einen eschatologischen Rahmen. Etwas grundsätzlich Neues in einem weltlichen Sinn, da waren sich Christen mit den Heiden einig, war weder zu ihren Lebzeiten noch für folgende Generationen zu erwarten.

Doch das Neue kam – und zwar in Gestalt der Barbaren. Deren Triumph veränderte die Perspektive auf die Geschichte grundlegend. Weltliche Ordnung und eschatologisches Heil wurden entkoppelt. Der Untergang des Weströmischen Reiches legte den Gedanken nahe, dass eine gelungene politische Ordnung eben doch nicht die Vorstufe kosmischer Erlösung ist. Es trat das ein, was über Jahrhunderte unvorstellbar gewesen war: Kultur, Ordnung, Recht, Staatlichkeit entwickelten sich zurück. Wissen ging verloren, Techniken gerieten in Vergessenheit, die Barbarei hatte die Zivilisation nachhaltig zerstört. Zumindest die europäische Geschichte kennt bisher keine größere kulturelle Regression als in der Übergangsphase von Spätantike und Frühmittelalter. Die heilsgeschichtliche Erwartung erschütterten diese Ereignisse jedoch nicht. Wo noch vor hundert Jahren die Vollkommenheit des Reiches und seine Allmacht als Indiz des baldigen Weltendes galten, musste sein Untergang paradoxerweise um so sicherer das baldige Kommen des Herrn ankündigen. Fortschritt konnte es in dieser vorapokalyptischen Welt nicht mehr geben. Denn wo die Zukunft der Untergang ist, da gibt es Weiterentwicklung allenfalls in jedem einzelnen Menschen. *Profectus* gibt es daher nur hinsichtlich des individuellen Seelenheils. Mehr noch: Je vollkommener der innere Fortschritt der Gläubigen, desto verfallener und elender die Welt. Nicht der weltliche oder universale Fortschritt wird zur Heilsbedingung, sondern der Untergang.

Dieses tausendjährige Bewusstsein weltlicher Stagnation oder sogar Regression kulminierte in der Reformation, die von ihren tragenden Protagonisten nicht als progressive Revolution, sondern als Rückkehr zum wahren Christentum verstanden wurde. Sofern passt das reformatorische Selbstverständnis ganz in die mittelalterliche Fortschrittsabstinenz. Auch für Luther und seine Mitstreiter ist Fortschritt bestenfalls eine persönliche, private, innere Bewegung hin zu Gott, die nicht durch eigenes Tun erzwungen werden kann, sondern ganz von Gottes Gnade abhängig ist. Fortschritt als transhistorische Kategorie, die eine fortschreitende Vervollkommnung der Lebensumstände, des Wissens und der Zivilisation beschreibt, ist Luther nicht nur fremd, sie ist geradezu eine Bedrohung des Seelenheils. Denn Fortschritt schmeckt nach Selbstermächtigung des Menschen, mithin nach Selbsterlösung. Alles Fortschreiten ist nur ein äußerliches. Deshalb auch ist die Entdeckung neuer Planeten oder neuer Kontinente für den Reformator ohne Belang. An der existentiellen Verfasstheit des Menschen, seiner Erlösungsbedürftigkeit, seiner inneren Not ändert all das gar nichts. Luther ist in diesem Sinne ein konservativer Rebell. Obwohl von späteren Generationen zum Vordenker der Moderne stilisiert, begreift er instinktiv, dass das Moderne an der anbrechenden Neuzeit für sein eigentliches Anliegen, das Seelenheil der Gläubigen, eine Gefahr birgt. Doch gerade indem Luther den einzelnen in das Zentrum seines Denkens rückt und gegen das Fortschreiten in Stellung bringt, bricht er jenem Prinzip Bahn, das die gesellschaftlichen Transformationsprozesse der Neuzeit wie kein anderes beschleunigen wird: dem Gedanken von Individualität und Autonomie.

Bis in die Neuzeit hinein unterscheidet sich die weltliche Zukunft nicht qualitativ von der Vergangenheit. Allenfalls gibt es kleine Inseln der Differenz. Doch nach und nach setzt sich die Vorstellung durch, dass die Zukunft sich von der Vergangenheit grundlegend unterscheidet, dass es so etwas wie eine historische Epoche gibt, die fundamentale Wandlungen mit sich bringt, die allein mit der Metapher des Nach-vorne-Schreitens beschrieben werden können. Erstmals machen Menschen in der europäischen Neuzeit grundlegende Differenzerfahrungen. Astronomische Entdeckung, die Erfindung des Buchdrucks, des Kompasses, des Fernrohrs, die Etablierung von Experimentalwissenschaften und die Alphabetisierung, die neue Gedanken und neue Entdeckungen verbreitet – all das erzeugt das Gefühl, in einer neuen Epoche zu leben. Zu dieser zeitlichen Differenzerfahrung tritt eine qualitative. Die Entdeckung bisher unbekannter Kontinente und Völker schärft das Bewusstsein, Teil einer Kultur zu sein, die über mehr Kenntnisse und Techniken verfügt als andere Völker. Vor dem Hintergrund der eigenen Geschichte wird diese Differenz in Metaphern des Fortgeschrittenseins, des »höher« oder »weiter« beschrieben.

Gerade weil der neuzeitliche Begriff des Fortschritts einer prinzipiellen Differenz zu allem bisher Dagewesenen entspringt, überwindet er zugleich alle traditionellen Endzeiterwartungen. Der Fortschritt begreift sich selbst als unendlich. Werden Rückfall und Niedergang als immer wieder auftretende, zeitlich vorübergehende Phänomene begriffen, so ist der Fortschritt unbegrenzt und offen. Und das gilt nicht nur für Technik und Naturwissenschaften. In seinem Versteck vor den Schergen Robespierres schreibt der Marquis de Condorcet: »Die Fortschritte in den Wissenschaften sichern die Fortschritte in der Technik des Unterrichts, die wiederum die der Wissenschaften beschleunigen; und dieser wechselseitige Einfluss, dessen Wirkung sich fortwährend erneuert, muss zu den nachhaltigsten und mächtigsten Ursachen der Vervollkommnung des Menschengeschlechts gerechnet werden.«[5]

---

5 Condorcet 1976, S. 215.

Der Fortschritt ist für Condorcet beides zugleich: unaufhaltsam und unendlich. Der Fortschritt wird zum Zeichen seiner selbst, das Fortschreiten zum Ausdruck des Fortschritts: »Und was für ein Schauspiel bietet dem Philosophen das Bild eines Menschengeschlechts dar, das von allen Ketten befreit, der Herrschaft des Zufalls und der Feinde des Fortschritts entronnen, sicher und tüchtig auf dem Wege der Wahrheit, der Tugend und des Glücks voranschreitet.«[6]

Motor der historischen Vorwärtsbewegung sind dabei die Naturwissenschaften. An der Erforschung der Natur wächst gleichsam die Vernunft und strahlt auf andere Wissens- und Lebensbereiche aus, bis sie schließlich auch die moralische Seite des Menschen erfasst. So wird aus den Fortschritten schließlich der Fortschritt schlechthin als umfassende historische Bewegung zu mehr Wissen und sittlicher Vollkommenheit. Träger dieses Fortschritts sind die Wissenschaftler und Philosophen, die den Menschen nicht nur die gewonnenen Erkenntnisse vermitteln, sondern zugleich im richtigen Gebrauch der Vernunft unterweisen und damit zur moralischen Erziehung des Menschengeschlechts beitragen. Damit wird suggeriert, dass es einen Fortschritt normativen Wissens gibt, der demjenigen der Erweiterung wissenschaftlicher Kenntnisse entspricht. Wie es objektive empirische Erkenntnisse gibt, so gibt es

6 Condorcet 1976, 221.

auch objektives moralisches Wissen, welches man mehren kann. Das ist zwar ein verhängnisvoller Irrtum, bleibt aber bis in die Spätmoderne ein wesentliches Element der Fortschrittserzählung. Verbunden mit diesem moralischen Optimismus sind ein europäischer Superioritätsanspruch und das Überlegenheitsgefühl einer intellektuellen Klasse. Letztlich ist es eine vergleichsweise kleine Gruppe von Wissenschaftlern, Philosophen und Intellektuellen, die, basierend auf ihren moralischen Erkenntnissen, für sich in Anspruch nimmt, erst die ungebildeten Stände Europas und dann die unzivilisierten Völker anderer Kontinente normativ zu missionieren.

Fortschritt wird so zu einer universalhistorischen Kategorie, zum Vorzeichen einer säkularisierten Heilsgeschichte, die die Menschheit nicht in einen transzendenten Zustand nachzeitlicher Erlösung führt, sondern in ein weltliches, posthistorisches Paradies. Dieses wird sich auftun, wenn alle regionalen und sozialen Unterschiede aufgehoben sind und die Menschheit in einem homogenen Humanismus vereint ist.

Das bedeutet zugleich, dass der Fortschritt sich nur dann ungehindert entfalten kann, wenn alle Bindungen an die Vergangenheit und Tradition nach Möglichkeit eliminiert werden. Denn die Vergangenheit war rückständig. Alles, was mit ihr verbunden ist, gilt es letztlich zu überwinden. Fortschritt selbst wird zu einem normativen Begriff. War er im 18. Jahrhundert noch das Ergebnis moralischer

Vervollkommnung, so wird er im Zuge der gesellschaftlichen Umformungsprozesse des 19. Jahrhunderts zu deren Bedingung. Nur wer fortschrittlich ist, wird sich vervollkommnen.

Als Maßstab für Fortschrittlichkeit gilt die Aufgeschlossenheit gegenüber technischen und naturwissenschaftlichen Entwicklungen. Der Fortschrittliche sieht in technischen Innovationen jedoch nicht nur Neuentwicklungen, sondern zugleich Sinnbilder eines allgemeinen zivilisatorischen Fortschreitens. Mehr noch: Durch die Technik, durch Dampfmaschinen, Stahlproduktion, Elektrizität, Massengüter, chemische Industrie und Städtebau werden Lebensbedingungen geschaffen, unter denen die Menschen sich fast zwangsläufig zivilisieren. Damit wird der Fortschritt notwendigerweise zu einem gesellschaftspolitischen Anliegen. Bezeichnenderweise gründet sich 1861 die Deutsche Fortschrittspartei. Fortschritt wird zu einem Parteiprogramm. Wer fortschrittlich ist, will Bedingungen schaffen, die einen noch schnelleren Fortschritt ermöglichen. Schon Stillstand wird als Rückschritt begriffen. Der Fortschritt beginnt um sich selber zu kreisen.

Folglich gerät der Fortschrittsgedanke endgültig zur Ideologie. Mit der Ausdifferenzierung der modernen Industriegesellschaft schwindet jedoch der Konsens darüber, was für die Zukunft erstrebenswert, was also als fortschrittlich zu gelten hat. Traditionelle Milieus lösen sich auf und damit verbindliche Vorstellungen von der wünschenswerten

Zukunft. Indem sich verschiedene Teilbereiche und Subsysteme der Gesellschaft im Zuge der Industrialisierung autonomisieren, werden verbindende Zukunftsvorstellungen eliminiert. Die heterogenisierten Gesellschaften der industriellen Moderne sind nicht mehr in der Lage, allgemeinverbindliche Zukunftsperspektiven zu formulieren. Aus dem Glauben an den Fortschritt werden Hoffnungen auf sehr unterschiedliche Fortschritte.

III. Niedergang

»Ein goldenes Zeitalter wurde zuerst geschaffen, das ohne Beschützer aus eigenem Trieb und ohne Gesetz die Treue und Redlichkeit übte«, weiß Ovid zu Beginn seiner »Metamorphosen« zu berichten. »Ohne dass es eines Kriegers bedurft hätte, lebten die Völker sorglos in friedlicher Muße. Frei von Zwang, von keiner Hacke berührt, von keiner Pflugschar verwundet, gab von sich aus alles die Erde.« Das Goldene Zeitalter ist ein Zeitalter vor jeder Zeit. Es gibt keine Jahreszeiten, es gibt keinen Wechsel, es gibt auch keine Mühe, keine Arbeit und keine Qual. Das Goldene Zeitalter ist das Paradies, in dem Ströme von Milch und Nektar fließen und Niedertracht oder Gewalt, selbst gegenüber dem Acker, unbekannt ist. Doch schließlich stürzte Jupiter seinen Vater Saturn in den Tartarus, und Wandel und Vergänglichkeit hielten Einzug in die Welt. Die Jahreszeiten entstanden, »und damals flimmerte erstmals die Luft, versengt von trockener Hitze; bald im Frostwind erstarrt, hing Eis in Zapfen herunter.« Das Leben wird mühsam in jenem zweiten, Silbernen Zeitalter, Behausungen werden notwendig und Ackerbau.

Erzählt Hesiod, wie auf das Silberne nun das Bronzene und das Heroische Zeitalter folgen, so schildert Ovid den unmittelbaren Anbruch des Eisernen Zeitalters: unserer und seiner Gegenwart. Hier bricht jeglicher Frevel hervor, »es flohen Scham, Wahrheit und Treue. Deren Platz nahmen Betrug und Hinterlist ein, Heimtücke, Gewalt und heillose Habsucht.« Kriege brechen aus. »Man lebt vom Raub. Nicht ist der Freund sicher vor dem Freund, nicht der Schwiegervater vor dem Schwiegersohn, selbst unter Brüdern Eintracht selten.«

Das Eiserne Zeitalter, es umfasst die überlieferte menschliche Geschichte, ist verkommen und degeneriert. Ursache dafür ist die technische Entwicklung und die damit einhergehende Habgier. Der technische Fortschritt lässt die Welt aus den Fugen geraten: »Bäume, die lange auf hohen Bergen gestanden hatten, schaukelten als Kiel eines Schiffes auf unbekannten Fluten.« Der Mensch zweckentfremdet die Natur, baut die Welt nach seinen Vorstellungen und stürzt sie und sich ins Unglück. Damit gibt Ovid, Hesiod aufgreifend und variierend, das zentrale Grundmotiv vor, das in der Moderne wieder und wieder repetiert werden wird: Ursache für kulturellen Niedergang ist der technische Fortschritt in Tateinheit mit der Natur des Menschen. Technische Erfindungen entfremden den Menschen von der Natur, setzen destruktive Energien in ihm frei, lassen degenerierte und verworfene Wünsche aufkommen und geben ihm zudem die Mittel in die Hand, diese brutal zu verwirklichen. Es kommt zu Krieg, Gewalt, Unterdrückung und Ausbeutung.

Hesiods und Ovids Mythenbearbeitungen stehen hier stellvertretend für eine ganze Reihe vergleichbarer Überlieferungen. Die Erzählung vom fernen, prähistorischen Goldenen Zeitalter, demgegenüber die Gegenwart moralisch verwahrlost ist, scheint ein anthropologischer Grundtopos zu sein. Zahlreiche Schöpfungsmythen unterschiedlichster Kulturen erzählen diese Geschichte. Dabei verschwimmen das mystische Goldene Zeitalter und die Realgeschichte, Götter, Halbgötter oder sagenhafte Vorfahren werden zu realen Ahnen, Familien- und Staatsgründern. Ob etwa die beiden heroischen ersten Konsuln der römischen Republik, Lucius Tarquinius Collatius und Lucius Iunius Brutus, dieses Amt tatsächlich innehatten und an der Vertreibung des letzten etruskischen Königs beteiligt waren, spielt letztlich keine Rolle. Unabweisbar jedoch ist die Superiorität der Ahnen. Insbesondere die jeweilige Aristokratie oder das entsprechende Patriziat definiert sich über seine Abstammung. Die Würde und das Gewicht der Familie ruhen auf den Leistungen der Vorfahren. Sie begründen den gesellschaftlichen Status. Die Vorväter gelten als strahlende Vorbilder an Tugend, denen es nachzueifern gilt. Das aber erscheint nahezu unmöglich, da Zucht und Sittlichkeit der verehrten Ahnen weit über der eigenen steht.

Ahnenkulturen sind sich ihrer eigenen Minderwertigkeit stets bewusst. In Gesellschaften mit einem ausgeprägten Kult der Ahnenverehrung kann Geschichte nur als sittliche Niedergangsgeschichte beschrieben werden. Das prägnanteste Beispiel einer solchen Gesellschaft im Wissen um den fortwährenden eigenen Niedergang war Rom. Roms Historiker, vom älteren Cato bis zu Cassius Dio, sind Sänger des Untergangs und des Zerfalls, auch wenn sie, wie etwa bei Cassius Dio mit Blick auf das Adoptivkaisertum, kurze Phasen goldener Jahrzehnte durchaus anerkennen. Solche wenigen Jahre sittlicher Restauration ändern jedoch nichts daran, dass die Geschichte Roms in den Augen ihrer Chronisten und im Bewusstsein seiner gebildeten Öffentlichkeit seit den sagenhaften Gründervätern der Republik einen kontinuierlichen sittlichen und moralischen Verfallsprozess darstellt.

Waren die Ahnen noch erfüllt von *virtus* (Tapferkeit), *pietas* (Pflichtgefühl), *iustitia* (Gerechtigkeit) und *labor* (Arbeit), so wird nach römischer Selbstdiagnose dieser asketische Tugendkatalog durch zunehmenden Sittenverfall eliminiert. Laster, Luxus und ein unangemessenes Streben nach Ablenkung und Ausschweifungen greifen um sich. Schon in der Frühphase Roms herrscht spätrömische Dekadenz. Diese wird allerdings noch übertroffen durch die Verderbtheit des Kaiserreiches. Tacitus skizziert zu Beginn seiner »Historien« ein nahezu apokalyptisches Szenario, in dem er Naturkatastrophen und gesellschaftliche Entwicklungen zu einem Horrorpanoptikum zusammenfasst: »Italien schwer heimgesucht durch unerhörte oder nach einer langen

Reihe von Jahren sich wiederholende Schicksalsschläge, wobei ganze Städte der fruchtbaren Küsten Kampaniens vom Meer verschlungen oder verschüttet, auch unser Rom ein Opfer von Feuersbrünsten, uralte Heiligtümer von den Flammen verzehrt, selbst das Kapitol von Bürgerhand eingeäschert wurden. Schändungen ehrwürdiger Gebräuche gab es, aufsehenerregende Ehebrüche, auf dem Meer ein Gewimmel von Verbannten, mit dem Blut Erschlagener getränkte Felseneilande.«

Dieser dramatischen Untergangsgeschichte stellt erst das Christentum eine radikale Alternativerzählung entgegen. Denn aus Sicht der Christen sind die Ahnen keine leuchtenden Vorbilder mehr, sondern Heiden. Das hat einen gewaltigen Kulturbruch zur Folge – mit Auswirkungen bis in die Gegenwart. Denn das Christentum setzt anstelle der Ahnen Gott. Nicht den Vorfahren gilt es nachzueifern, sondern Jesu, nicht die Überlieferung gibt den Wertekanon vor, sondern Gott allein. Die moralische und sittliche Legitimationsdimension wird von der vertikalen auf die horizontale Ebene gekippt. Nicht der Familie, nicht den Eltern oder Großeltern gegenüber ist der Christ in der Pflicht, sondern Gott. Denn: »Wer Häuser oder Brüder oder Schwestern oder Vater oder Mutter oder Kinder oder Äcker verlässt um meines Namens willen, der wird's hundertfach empfangen und das ewige Leben ererben« (Luk 19,29).

Damit bricht das gesamte konservative antike

Normengefüge zusammen. Die Vergangenheit wird entwertet und herabgesetzt. Was gestern noch vorbildlich, ja unerreichbar war, gilt nun als sündig und pagan. Das ferne Goldene Zeitalter der Urahnen wird diskreditiert und an seiner Stelle ein neues Goldenes Zeitalter in der Zukunft versprochen. Die historischen Vorzeichen ändern sich und die abendländische Geschichtsbetrachtung wird umgepolt. Anstelle des Bewusstseins eines auf Dauer gestellten Niedergangs tritt die Gewissheit, dass die Geschichte in einem umfassenden Versöhnungsszenario endet. Das bedeutet selbstredend nicht, dass die abendländische Geschichtsbetrachtung mit der Etablierung des Christentums in Kategorien des historischen Fortschritts denkt. Vor allem deshalb nicht, weil im Alltag der Menschen sich faktisch nichts verändert. Es gibt keinen Wandel, der in irgendeiner Weise normativ einzuordnen wäre. Dennoch ändert sich der Rahmen.

Damit wandelt sich die historische Perspektive grundlegend, wenn zunächst auch nur subkutan. Die heilsgeschichtliche Ausrichtung und die Verlagerung des Goldenen Zeitalters in die Zukunft bereiten die Grammatik der Sprache des Fortschritts vor. Und erst als sich diese Fortschrittsrhetorik im 18. Jahrhundert durchzusetzen beginnt, sollte man sich wieder des historischen Pessimismus erinnern, der unter dem Vorzeichen christlicher Heilserwartung umgemünzt worden war in das Bewusstsein für die Erlösungsbedürftigkeit der Welt.

Es war Edward Gibbon, der dem Abendland nachhaltig die Grundmotive jedes kulturellen Niedergangs in das Gedächtnis zurückrief: »Der lange Friede und die gleichförmige Regierung der Römer leiteten ein schleichendes Gift in den Lebensnerv des Reiches. Allmählich verflachte die Gesinnung, das Feuer des Genius erlosch, ja selbst der militärische Geist verschwand.«[1] Rom degenerierte, »und die römische Welt war in der Tat von einem Geschlecht von Zwergen bevölkert, als die wilden Hünen des Nordens einfielen«[2]. Fünf Kapitel später fasst der englische Historiker zusammen. »Seitdem sich Romulus mit einer kleinen Schar von Hirten und Geächteten auf den Hügeln in der Nähe des Tiber verschanzt hatte, waren bereits zehn Jahrhunderte verflossen. Während der ersten vier hatten sich die Römer in der harten Schule der Armut die Tugenden des Krieges und der Regierung erworben. Durch den beherzten Einsatz dieser Tugenden und mit dem Beistand des Glücks hatten sie in den folgenden Jahrhunderten die unumschränkte Herrschaft über viele Länder Europas, Asiens und Afrikas erlangt. Die letzten dreihundert Jahre waren in scheinbarem Wohlstand und innerem Verfall vergangen.«[3]

---

1 Gibbon 2016, S. 86.
2 Ebd., S. 87.
3 Ebd., S. 213.

Aufstieg, Wohlstand, Untergang. Es ist dieser Dreiklang, der die Melodie vorgibt für den Niedergang des Römischen Reiches und zugleich das Leitmotiv für alle Analysen, die in der Folge Gibbons den echten oder vermeintlichen Niedergang moderner Gesellschaften beschreiben wollen. Für dieses Muster gibt es zwei mögliche Erklärungen: Die eine ist die Degenerationsthese. Demnach entwickelte die römische Gesellschaft ab einem historischen Zeitpunkt Eigenschaften, die auf Dauer ihre Überlebensfähigkeit untergruben. Rom musste zwar nicht untergehen, ab einer gewissen kultursoziologischen Entwicklung jedoch war sein Untergang unabwendbar. Allerdings konnte man in der Abfolge von Aufstieg, Reife und Zerfall auch ein nahezu naturwissenschaftliches Gesetz sehen, ein Lebensmuster nach dem Schema »Gedeihen, blühen und verwelken« oder dem Bild von Jugend, Reife und Alter. Unter einer solchen Perspektive war Geschichte lediglich die Fortschreibung natürlicher Abläufe mit anderen Mitteln. Aufgabe des Historikers oder Kulturanalytikers war es dann, die Phasen von Kulturen und ihre jeweiligen Eigenschaften zu beschreiben. Kulturen waren unter diesem Blickwinkel nichts anderes als Organismen, die nach einem vorgegebenen Lebensmuster in ihrem Greisenalter ihren wohlverdienten Tod fanden.

Gibbon selbst hätte eine solche geschichtsmorphologische Perspektive abgelehnt. Für ihn ist der

Verfall einer Kultur nicht zwangsläufig. Deshalb ist seine umfangreiche Studie auch ein pädagogisches Werk. Es soll mahnen und aufzeigen, wo die Gefahren etwa für das britische Empire liegen. Wo aber gemahnt werden soll, da herrscht kein Determinismus. Tatsächlich wurde Gibbons Werk als Mahnung aufgefasst. Also machte man sich auf die Suche nach Fehlentwicklungen in der eigenen Gesellschaft. Doch wo lagen eigentlich die Fehlentwicklungen? In der jeweiligen Gegenwart, also in der Verfasstheit der modernen Gesellschaft, oder doch in der Geschichte? War die Krise der Neuzeit auf einen historischen Sündenfall zurückzuführen, ab dem die weitere Geschichte im Grunde als Krisen- und Niedergangsgeschichte zu verstehen ist? Oder sind es die Aporien der modernen Gesellschaft selbst, die diese in den Abgrund reißen?

Unter dem Einfluss von Rousseaus Zivilisationskritik richtete sich der Blick der Zerfallstheoretiker zunächst in die Vergangenheit. Es galt, jenen neuralgischen Punkt in der abendländischen Geschichte auszumachen, von dem aus die Entwicklung Europas die falsche Richtung genommen hatte. Anders als Rousseau verortete man den kulturellen Umschlagpunkt jedoch nicht im Entstehen der Zivilisation selbst, sondern zumeist im Auseinanderbrechen der angeblich homogenen Welt des Mittelalters. Es ist daher kein Zufall, dass die ideengeschichtlich ausgerichteten Zerfallstheorien ganz überwiegend der katholischen Tradition verpflichtet sind. Insbesondere für katholische Intellektuelle, aber auch für reformationskritische Protestanten wie Paul de Lagarde war es vor allem die Reformation, die die Einheit der abendländischen Welt und ihrer Spiritualität zerstört und mit ihrem methodischen Subjektivismus und Individualismus jene diabolischen Kräfte freigesetzt hatte, die zum Kennzeichen der destruktiven Moderne werden sollten.

Nicht auszuschließen war allerdings auch, dass der Weg in die Moderne weit weniger ideologisch kontaminiert war, als die ideengeschichtliche Verfallserzählung glauben machen wollte. Vielleicht waren es einfach die konkreten Lebensbedingungen der anhebenden Industriegesellschaft und die damit einhergehenden sozialen Umwälzungen, die Haltungen, Ideale und Wertvorstellungen schufen, welche überlieferte Traditionen und kulturelle Standardisierungen unterminierten. Aus dieser materialistischen Sicht war das Konzept eines negativen Kairos, der eine ganze Kultur in einen sich selbst verstärkenden Abwärtsstrudel reißt, schlechte Metaphysik. Sehr viel sinnvoller schien es, die sich entfaltenden Strukturen moderner Industriegesellschaften zu untersuchen und deren Auswirkungen auf die Lebenshaltungen der Menschen. Und so entstehen im Anschluss an Gibbons Degenerationstheorie nicht nur ideengeschichtliche Diagnosen über die Wurzeln des Zerfalls des Abendlandes, sondern auch protosoziologische Theorien über die inneren Antinomien der Moderne. Man kann auch sagen: Die Soziologie wird als Soziologie des Niedergangs geboren.

Beide Theorieansätze jedoch, ideengeschichtliche Zerfallstheorien ebenso wie Niedergangssoziologien, sind Theorien ohne Gott. Also letztlich Theorien ohne Hoffnung. Solange Gott noch die Geschicke der Welt lenkte, konnte er das Happy-End zwar hinauszögern, Strafen in den Lauf der Geschichte einflechten und ganze Jahrhunderte in Stagnation verharren lassen. Er konnte sogar eine ganze Epoche sich selbst beziehungsweise dem Menschen überlassen, um ein Exempel zu statuieren und zu demonstrieren, wohin eine Geschichte führt, die der Mensch mit seiner Vernunft lenkt. Doch einen wirklichen, endgültigen Niedergang schließt eine solche gottgewollte Geschichte aus. Geschichtstheologie, also die Lehre vom Wirken Gottes in der Geschichte, ist immer auch Untergangsexorzismus. Damit verbat sich jede Form von Kulturpessimismus.

Noch Joseph de Maistre, savoyischer Diplomat, Erzkatholik, Aufklärungsaufklärer und Konterrevolutionär, sah in der Philosophie der Aufklärung, im Abfall vom Glauben, im Szientismus seiner Zeit, im Republikanismus und Liberalismus und schließlich in der Französischen Revolution gefährliche, ja diabolische Irrtümer, doch schloss er daraus nicht auf den Untergang der französischen oder europäischen Kultur. Die Aufklärung ist ihm lediglich ein Mittel Gottes, um den Menschen zu lehren, was passiert, wenn er nur mehr auf sich selbst gestellt ist, ein »gattungspädagogisches Kalkül«[4], um zu demonstrieren, in welch tödliche Irrlehren sich der Mensch verrennt, wenn die schrecklichen Kinder der Neuzeit den törichten Mut haben, sich ihres eigenen Verstandes zu bedienen. »Wenn«, so fasst Jerzy Jedlicki de Maistres Appell zusammen, »also die Autorität der Kirche, der Monarchie und der Tradition nicht wiederhergestellt werde, müsse dies unweigerlich zu einer noch größeren Unordnung und Verwüstung und damit zur Degradierung des Menschen und zum Niedergang der europäischen Nationen führen.«[5] Denn das Böse hat seinen Ursprung nicht in Gott, sondern in der freien Intelligenz des Menschen, weshalb alles Leid auf dieser Welt in des Menschen Verantwortung liegt. Doch de Maistre ist kein Fatalist. Der Mensch kann das Böse abwehren, durch Sühne und Strafe. Die Leiden der Menschen sind Zeichen der Liebe und die Katastrophen der Neuzeit – Reformation, Aufklärung und Revolution – Vorboten der Erlösung. Fortschritt besteht demnach nicht in der Umkehrung des kulturellen Niedergangs, sondern in

4 Sloterdijk 2014, S. 56. Ob de Maistre allerdings tatsächlich danach fragt, »wie es möglich war, dass sich die Grenzen zwischen dem Reich Gottes und dem Imperium des Widersachers mit einem Mal so augenfällig zugunsten des letzteren verschoben hatten« (ebd.), darf bezweifelt werden. Der Sieg des Diabolischen, das sich in der selbstherrlichen Anwendung der Freiheit des Menschen zeigte, war ein Irrweg von Gottes Gnaden.

5 Jedlicki 2007, S. 38.

seiner Beschleunigung. Der rasende Sturz der Moderne führt zum Heil: »Wir müssen für das große Ereignis in der göttlichen Ordnung bereit sein, das alle Beobachter betreffen wird und dem wir uns mit großen Schritten nähern. Es existiert keine Religion mehr auf Erden: Das Menschengeschlecht kann nur in diesem Zustand verweilen. Furchteinflößende Orakle sagen uns vorher, dass diese Zeiten gekommen sind.«[6]

Aus der Perspektive von de Maistres kühlem katholischen Stoizismus ist jedes menschliche Handeln, das auf Veränderung hinausläuft, ob revolutionär oder reaktionär, bleibt sich gleich, Anmaßung und Ausdruck unendlicher Verblendung. Emil Cioran, atheistischer Wahlverwandter de Maistres, skizziert dessen Dialektik der Gegenaufklärung treffend: »Die Ablösungen, die sich im Laufe der Geschichte vollziehen, offenbaren weniger die Dringlichkeit als die Automatik des Wandels. Wenn, absolut genommen, nichts jemals abgetan ist, so läuft im Relativen, im Unmittelbaren alles Gefahr zu veralten, denn dort ist die Neuheit der einzige Maßstab, die Umwandlung die einzige Moral.«[7] Dieser Moral des Wandels setzt de Maistre sein Wissen um das Ewige entgegen. Wo das Ewige gilt, gibt es weder Fortschritt, wie die Aufklärer in ihrer naiven Verblendung glauben, noch Zerfall, wie die Zaghaf-

6 Vgl. Einleitung zu de Maistre 2008, S. 25.

7 Cioran 1980, S. 55 f.

ten meinen. Denn im Grunde ist der Eindruck von Veränderung Illusion: »Der Mensch ist der Zeit unterworfen und trotzdem ist er seiner Natur nach der Zeit fremd; er ist es so sehr, dass selbst die Vorstellung der ewigen Glückseligkeit, wenn er sie mit der Vorstellung der Zeit verbindet, ihn ermüdet und erschreckt.«[8]

Dennoch schreitet die Zeit voran, und je schneller sie schreitet, desto mehr geraten traditionelle Koordinaten durcheinander. Versuchte Joseph de Maistre sich und seinen Lesern einzureden, dass auch das historische Unheil letztlich Teil des göttlichen Heilsplanes ist, so verschwindet das Vertrauen auf Gott und seine Allmacht im 19. und 20. Jahrhundert gerade auch bei jenen, die die Moderne in seinem Namen anklagen. Gottes Advokaten vertrauen Gott nicht mehr. Und so sehen sie die Kirche, den von ihr verkündeten Glauben und die durch das Christentum geprägte Kultur im Sturm der Moderne untergehen. Allein weltliche Hilfe, und das heißt: politische Agitation, kann Gott retten. Und so formiert sich aus dem Geist der Fortschrittskritik und des Kulturpessimismus der konservative politische Widerstand.

Wo vom Zerfall die Rede ist, da muss es einmal Stabilität gegeben haben, wo Niedergang regiert, muss eine Kultur einmal in Vollendung erblüht

8 de Maistre 2008, S. 439.

sein. Als Höhepunkt abendländischer Kultur wird von so gut wie allen Kritikern der Moderne das Mittelalter ausgemacht. Hier, so ist man überzeugt, regierten noch ein Glaube und eine Kirche, und die Frömmigkeit war noch nicht zersetzt vom Gift des Skeptizismus. Zerstört wurde die vermeintliche mittelalterliche Eintracht durch die Reformation. Zumindest aus Sicht katholischer Theoretiker war evident, dass es Luthers Intervention war, die den Niedergang abendländischer Kultur einläutete, indem sie die heile Glaubenswelt des Mittelalters und damit langfristig auch die gesellschaftliche Stabilität in Stücke riss. Aufklärung und Revolution, das waren schon für Joseph de Maistre lediglich reformatorische Folgeschäden. Die katholische Kulturkritik der Moderne wird an diese Diagnose des savoyischen Adligen nahtlos anknüpfen und zugleich darüber hinausgehen. Gerade weil die Reformation aus ihrer Sicht einen kulturgeschichtlichen Hiatus darstellt, musste geklärt werden, wie es zu dieser Katastrophe kommen konnte. Offensichtlich brach hier etwas auf, das nie wirklich Einheit gewesen war. Die Reformation ließ sich nur dann plausibel erklären, wenn es den Riss durch die abendländische Kultur, der mit ihr offen zutage trat, im Grunde immer schon gegeben hatte.

Diesen Riss konnte man rein ideengeschichtlich deuten. Oder man konnte ihn geographisch markieren. Das bedeutete, dass das ideelle Abendland nicht identisch war mit dem geographischen

Abendland. Die Grenze zwischen dem wahren Abendland und dem uneigentlichen Abendland verlief dabei, wie prominent Henri Massis herausstellte, entlang der alten Limes-Grenze, also zwischen römischer Welt und nichtrömischer Welt. Sie trennte die abendländische Kultur der Rationalität, der Institutionen, der Ordnung und Hierarchien von der Sphäre der Impulsivität, der Individualität und des Subjektivismus.

Massis war Essayist und Literaturkritiker. Polemisch wandte er sich gegen die aus seiner Sicht dekadente und morbide Kultur des Fin de Siècle. Seine Gegenmittel: Patriotismus, Katholizismus und ein von Henri Bergson geprägter Vitalismus. Europa sah er bedroht durch eine antiwestliche Propaganda, und Herd und Multiplikator dieser zersetzenden Agitation war Deutschland. Denn Deutschland hatte nie wirklich zur abendländischen, also zur römisch-katholischen Welt gehört: »Weil die griechisch-römische Kultur nicht beteiligt war an der Vergangenheit des Deutschen, weil sie ihm nicht in Fleisch und Blut übergegangen ist, bedeutet sie keinen grundlegenden Kulturwert. [...] Sie bleibt eine Entlehnung, die nicht sein Wesen berührt.«[9] Deshalb sei Deutschland empfänglich für jeden uneuropäischen Unsinn, für Anthroposophie, Theosophie und Esoterik, für Mystik, Hinduismus, Buddhismus und Paganismus, »keine Torheit

9 Massis 1930, S. 145.

gibt es, von der es nicht das Heil erwartet hätte«[10]. Der deutsche Kulturraum, der nie wirklich zur nüchtern-rationalistischen katholischen Tradition Roms gehörte, sei empfänglich für alle Pathologien der Moderne. Noch schlimmer, so Massis, verhalte es sich mit Russland, was auch ein Grund für die in Deutschland grassierende Slawophilie sei: »Germanismus und Slavismus heißen die Quellen, aus denen alles gespeist wird, was im Aufruhr steht gegen das Abendland. Durch Berührung mit ihnen galvanisieren sich und erwecken ihre schlummernden Kräfte die alten Häresien Asiens, die stets bereit sind, sich zu erheben, sobald der Festigkeit Europas ein Stoß versetzt wird.«[11]

Das Wesen des Christentums, und das bedeutet hier: des katholischen Christentums, artikuliert sich für Massis in einem Glauben »an die Tat, an die Kraftanstrengung, an die aktive Haltung der Wirklichkeit gegenüber, [...] das Verlangen, immer mehr zu leben, immer mehr zu existieren, über sich hinauszugehen«[12]. Dem gegenüber steht das Asiatische, dasjenige, was das Abendland von innen und außen bedroht: Innerlichkeit, Kontemplation, Pantheismus und Weltvergessenheit. Romantische Suche nach dem Ich, Subjektivismus, falsche Mystik, all das führt Massis zufolge zu der Melange aus

10 Ebd., S. 139.
11 Ebd., S. 174.
12 Ebd., S. 210.

Esoterik, Psychoanalyse, Theosophie und Okkultismus, die das Abendland von innen zersetzt und aufsplittert und nur durch eine Besinnung auf seine römische Identität, seine Latinität abgewehrt werden kann. Kausaler Nexus des Niedergangs des Abendlandes sei die innere Schwäche der europäischen Kultur als Folge einer unabgeschlossenen Integration Nordeuropas in die römisch-lateinische Welt. Die Folge: ein Hang der europäischen Kultur zu Individualismus und ideologischem Eskapismus.

Energischer Widerspruch kam von René Guénon. Der hatte zunächst Mathematik und später Philosophie studiert und sich als junger Intellektueller in okkultistischen und freimaurerischen Zirkeln herumgetrieben. 1912 traf er auf Ivan Aguéli, ursprünglich John Angelii, später Sheikh Abd al-Hadi Aqhili, einen zum Sufismus konvertierten Schweden. Guénon wurde von Aguéli initiiert und nahm den Sufinamen Abdel Wahid Yahia an. 1930 ging er nach Kairo, um Sufi-Schriften zu studieren, wo er 1951 starb. In seinem 1927 erschienenen Buch »Die Krise der Neuzeit« stimmt Guénon zunächst der Analyse Massis zu. Ja, das Abendland befinde sich in einer fundamentalen Krise. Und ja, mit der Renaissance beginne der Untergang der abendländischen Kultur. Doch anders als Massis verortet Guénon den Fäulnisherd weder in der misslungenen Integration der Germanen in das lateinische Europa noch in der beginnenden Neuzeit, sondern in der klassischen Antike, im Aufkommen jenes intellektuellen Projektes, das bald »Philosophie« genannt wurde. Denn die Philosophie degenerierte für Guénon von der Liebe zur Weisheit zu einem schnöden Rationalismus. »Damit wurde die Weisheit entweder vergessen oder in ihrer Natur verkannt.«[13] Etwas, das nur jenseits der Welt zu finden war, wurde in der Welt gesucht. Weisheit in ihrem eigentlichen Sinne überlebte nur in den Mysterien. Hier, in diesem intellektuellen Sündenfall der Antike, habe die seit der Renaissance schwebende Krise des Abendlandes ihren Ursprung. Zwar sei es dem Christentum noch einmal für tausend Jahre gelungen, die zersetzende Wirkung von antikem Skeptizismus, Stoizismus und Epikureismus gleichsam zu neutralisieren, doch mit der Renaissance hätten dann endgültig Individualismus, Materialismus, Relativismus und Moralismus gesiegt: »Was man Renaissance, das heißt ›Wiedergeburt‹, nennt, war in Wirklichkeit [...] vielfältiger Tod.«[14]

Im Zentrum dieser Todesfuge steht Guénon zufolge der Humanismus, »eine erste Ausformung dessen, was sich zum ›Laizismus‹ von heute entwickelt hat; indem man danach trachtet, den Menschen, der selbst als ein Endziel galt, zum Maß aller Dinge zu machen, stieg man stufenweise in den niedrigsten Bereich des Menschlichen hinab«[15]. Das

13 Guénon 1950, S. 28.
14 Ebd., S. 32
15 Ebd., S. 34

Resultat seien moderne Suggestionen wie Fortschritt oder Gleichheit, Zwangsvorstellungen, ja Scheinideen, deren »Hauptbestimmung ist, als Gegenwirkung Gefühlsregungen hervorzurufen, die bekanntlich das wirksamste und bequemste Mittel zur Bearbeitung der Massen sind«.[16] Adornitisch formuliert: Für Guénon ist der Mensch der Moderne eingebunden in einen Verblendungszusammenhang, der ihm falsche Ideale vorgaukelt. Doch diese Ideale, so Guénon gegen Massis, seien eben rein abendländisch, kein asiatisches Gift nage an der europäischen Seele. Vielmehr werde das Abendland von einem selbstverschuldeten Krebsgeschwür zerfressen.

Der alte Kontinent zerstöre allerdings nicht nur sich selbst, sondern auch andere Kulturen, insbesondere den Mittleren Osten. Sein Werkzeug sei eine von der eigenen Überlieferung abgeschnittene, verwestlichte Elite. »Fraglich ist dabei bloß folgendes: wird der Osten von seiten des neuzeitlichen Geistes nur eine vorübergehende und die Oberfläche berührende Krisis durchzumachen haben oder wird das Abendland die ganze Menschheit in seinen Fall mithineinreißen?«[17] Drang Europa erobernd und Handel treibend zunächst nur in andere Welten vor, so sei es dem abendländischen Menschen inzwischen gelungen, »mit seinem über-

16 Ebd., S. 108.
17 Ebd., S. 143.

lieferungsfeindlichen und ›materialistischen‹ Geist die andern bis zu einem gewissen Grad zu durchdringen; während aber die erstgenannte Art des Einbruchs schließlich bloß das Körperliche betraf, vergiftet diese hier das Denken, tötet die Geistigkeit ab«[18].

Folgt man Guénon, hat das Abendland somit ein originär kulturfeindliches Prinzip in die Welt gelassen, an dem zunächst es selbst, aber auch andere Kulturen zugrunde gehen werden. Und dieses Prinzip ist nichts anderes als die absolute Negation von Überlieferung und Tradition und den in ihnen eingeschriebenen Wahrheiten. Rationalismus, Individualismus und Materialismus führen, so Guénon, in eine absolute Jetztzeitigkeit ohne jede Vergangenheit, in ein Gefangensein in einem Gegenwartsvakuum, das alles abtötet, was zuvor als wertvoll und wahrhaftig gegolten hat. Rettung aus dieser Situation könne es für das Abendland aus eigener Kraft kaum geben. Vielmehr vertraut Guénon auf die Lehren des Ostens, und es ist vor dem Hintergrund der weiteren Ideologiegeschichte nicht ohne Ironie, dass er dabei vor allem an den islamischen Fundamentalismus denkt. Denn allein der Orient ist für Guénon noch nicht vollständig mit dem Gift von Materialismus, Traditionsfeindlichkeit und Individualismus infiltriert.

---

18 Ebd., S. 152.

Die kulturtheoretische Voraussetzung sowohl von de Maistre als auch von Massis und Guénon basiert auf einer nicht näher bestimmten, diffusen Gleichsetzung von Kultur und ›Geist‹. Damit ist offensichtlich gemeint, dass Kultur sich vor allem in einer intellektuellen, aber auch spirituellen Weise manifestiert und kommuniziert und, sofern wirkliche Kultur und nicht nur oberflächliche Form, unmittelbar Bezug zu einer metaphysischen, wenn nicht göttlichen Sphäre hat. Kultur ist nach diesem Verständnis nichts Menschliches, sondern die Manifestation des Göttlichen im Zwischenmenschlichen. Wird diese göttliche oder metaphysische Relation geleugnet oder zieht sich das Göttliche – wie bei Guénon – gleichsam aus der Welt zurück, so löst sich die Kultur auf, die Gesellschaft gerät in eine Krise.

Faktisch und auf seinen rationalen Kern reduziert, beschreiben diese ideengeschichtlich verankerten Niedergangstheorien also Säkularisierungsprozesse, die als Verlust von Geist, Tiefe und Spiritualität wahrgenommen werden, kurz: als Entzauberung der Welt. Wie tief verankert dieser Eindruck in den Debatten des 19. Jahrhunderts war, zeigt auch, dass Protagonisten wie Paul de Lagarde oder Julius Langbehn, der »Rembrandtdeutsche«, strukturell ähnlich argumentieren wie Massis oder Guénon, wenngleich innerhalb eines anderen Deutungsrahmens. Denn auch für den Orientalisten Lagarde sind Menschen »geistleibliche Wesen, was ihnen als

Menschen förderlich sein soll, muss ihrem eigenen Wesen entsprechend ebenfalls geistleiblich sein«[19]. Also arbeitet sich Lagarde polemisch an allem ab, was die Geistleiblichkeit des Menschen gefährdet: Materialismus, Kommerzialisierung, Hedonismus und Liberalismus. Entsprechend ist die Zivilisation für Lagarde eine Fassade, die die geistige Entleerung der Gesellschaft nur notdürftig kaschiert: »Civilisation aber ist nicht viel mehr als die Anerkennung, welche die Menge den Momenten der Kultur zu zollen sich darum gedrungen fühlt, weil sie wünscht, um den Preis der Anerkennung derselben von diesen innerlich unberührt zu bleiben: Civilisation ist mithin wesentlich Schein und Lüge, und darum der grimmigste Feind aller Religion.«

Es sind aber die beiden christlichen Konfessionen, die genau diese Form von Zivilisation hervorgebracht und mitzuverantworten haben. Anders als de Maistre, Massis oder Guénon sieht Lagarde daher im Christentum den latenten Feind abendländischer Kultur, wobei er, die historische Bibelwissenschaft seiner Zeit im Rücken, streng zwischen Christentum und Evangelium unterscheidet. Beide Konfessionen, der Katholizismus, insbesondere aber der Protestantismus, seien Fälschungen, das Christentum »eine Entstellung des Evangeliums«[20]. Dabei gehört es zu den vielen Wider-

19 de Lagarde 1903, S. 8.
20 Ebd., S. 62.

sprüchen Lagardes, dass seine Kritik vor allem auf der Quellenforschung seiner Zeit beruht, er aber ebenso vehement darauf hinweist, dass historische Untersuchungen für die wahre Frömmigkeit keine Bedeutung haben. Das Evangelium ist für Lagarde »eine durch religiöse Genialität gefundene Darlegung der Gesetze des geistigen Lebens«[21]. Daher hat jede Glaubenslehre auf das Evangelium zurückzugehen und nicht auf die Kirchen.

Obwohl diese Fixierung auf das Evangelium ein urprotestantischer Reflex ist, wütet Lagarde gegen den Protestantismus: Jeder »Fetischismus ist besser, als der Mischmasch aus fader, feiger Sentimentalität und den abgestandenen, angefaulten Resten des Christentums, den wir heutzutage Protestantismus nennen«[22]. Das Zersetzende des Protestantismus liegt für Lagarde in seinem falschen Begriff von Individualismus, der auf religiösen Subjektivismus und damit langfristig auf Relativismus jeder Art hinausläuft. Diesem Subjektivismus stellt er einen wahrhaften, echten Individualismus entgegen. Deshalb auch wendet er sich gegen die Vergottung des allgemein Menschlichen in Form von Humanität. »Mit Humanität müssen wir brechen: denn nicht das allen Menschen Gemeinsame ist unsere eigenständige Pflicht, sondern das nur uns Eignende ist es. Die Humanität ist unsere Schuld, die

21 Ebd., S. 58.
22 Ebd., S. 25.

Individualität unsere Aufgabe.«[23] Damit legt Lagarde den Finger in die Wunde des gesamten kulturpessimistischen Diskurses.

Im Kern kreisen alle Niedergangserzählungen des 19. und 20. Jahrhunderts um die Frage des Verhältnisses von Individuum und Gemeinschaft. Die Loslösung des Einzelnen aus tradierten Strukturen, seine Emanzipation von überlieferten Sozialrollen, das Entstehen einer urbanen Massengesellschaft, die den Einzelnen sowohl bindungslos macht als auch in einer amorphen Masse verschluckt, ist das Schlüsselthema der Zerfallstheorien der Moderne. Ideengeschichtlich inspirierte Diagnostiker wie de Maistre, Massis, Guénon, Lagarde oder Julius Langbehn verorten das Auseinanderbrechen von Einzelnem und Gemeinschaft, individueller Intellektualität und allgemeiner geistiger Kultur dabei in einem Akt menschlicher Selbstanmaßung, der wahlweise im Entstehen abendländischer Philosophie in der griechischen Antike, der Ausbildung eines hellenistisch geprägten Christentums oder in der Reformation begründet liegt.

Die Moderne mit ihren spezifischen gesellschaftlichen Erscheinungsformen, mit ihren Moden, ihrem Massenwohlstand, der damit einhergehenden Selbstverwirklichungskultur, ihrer Diesseitigkeit und ihrem Hedonismus erscheint unter diesem Blick-

23 Ebd., S. 367.

winkel eben nicht als spezifisch modern, sondern als Produkt einer Fehlfunktion, das schon vor Jahrhunderten, wenn nicht Jahrtausenden in den Mechanismus der abendländischen Geschichte implantiert wurde. Die Moderne ist vor diesem Hintergrund nichts anderes als das Symptom einer Krankheit, die schon vor langer Zeit das Abendland infizierte und die, reduziert man sie auf ihre Grundstruktur, im Verhältnis von Individuum und Gemeinschaft liegt. Griechische Philosophie, paulinisches Christentum, Luthers Reformation: Sie alle bezeichnen aus der Perspektive der historischen Kulturkritik Stationen, in denen das Gleichgewicht von Individualität und Gesellschaft und damit die Kultur selbst zerstört wurde.

Das Unzeitgemäße dieses Verdachtsreflexes liegt darin, dass die Pathologien der Moderne aus der Tiefe des historischen Raumes erklärt wurden. Die Moderne, so die Botschaft, ist eine doppelte Illusion: Sie glaubt, den Menschen ein Feld der Autonomie zu bereiten, auf dem sie sich frei entfalten können. Bei näherer Betrachtung zeigt sich jedoch, dass die Moderne selbst ein Produkt tief in der Historie verankerter Fehlentwicklungen ist.

Dieses Narrativ hatte zunächst rhetorische Kraft, da seine Motive antimodern waren und so Kritik an der Moderne schon methodisch in Anschlag gebracht wurde. Zugleich war es überzeugend, da es gedanklich nicht in der Vormoderne stehen blieb, sondern im Namen eines hochmodernen Elementes argumentierte: der Individualität. Was unter dieser positiven Individualität genau zu verstehen sei und wie diese sich von der schlechten Individualität des Massenzeitalters unterscheide, blieb allerdings unklar.

Hier versuchte ein junger Philosophiedozent Abhilfe zu schaffen: Emil Hammacher. 1914, wenige Monate vor Ausbruch des Krieges, veröffentlichte er seine umfangreiche Analyse »Hauptfragen der modernen Kultur«. Auch für Hammacher ist der Individualismus das entscheidende Kennzeichen der modernen Kultur. Es äußert sich in dem Bemühen des Einzelnen, ein bewusstes Leben zu führen. Dieser Wille zum bewussten Leben führe die Moderne zur Mystik. Deren Realisation sei das Wesen der Moderne. Zugleich sei diese durchdrungen von einem tiefen Rationalismus und dem Vorsatz, die Welt mit empirischen und wissenschaftlichen Methoden zu erobern. Hier zeige sich ein tiefer Gegensatz zwischen Masse und Individuum. Dies gilt insbesondere in der Arbeitswelt. Als guter Leser von Karl Marx weiß Hammacher, dass die moderne Arbeitsteilung die effektivste »Verwertung des Kapitals im ökonomischen Sinne ermöglicht, den Arbeiter selbst aber zu einer geringeren in der Regel lebenslang auszuübenden Teilfunktion verurteilt«[24]. Dieses Auseinanderklaffen von Masse und Individuum hat auch für Hammacher ideen-

24 Hammacher 1914, S. 2.

geschichtliche Ursachen: Für ihn liegen sie allerdings nicht in der Reformation, sondern in der Aufklärung: »Alle modernen Kulturprobleme haben einen einheitlichen Grund; sie entspringen dem Ungenügen der Weltanschauung, die die Aufklärung des achtzehnten Jahrhunderts lehrte, und der Unzulänglichkeit aller bisherigen Versuche zu ihrer Überwindung.«[25]

In bester Hegelscher Manier sieht Hammacher den Menschen der Moderne in einer negativen Freiheit gefangen, die ihn zwar von allen sozialen Bindungen losgesagt habe, ihm aber keine neuen Aufgaben vorgezeichnet habe. Wie nur wenige Jahre später Ernst Bloch, beklagt Hammacher[26] eine metaphysische Obdachlosigkeit, eine geistige Heimatlosigkeit. Vonnöten sei eine dialektische Reflexion der Aufklärung, die das Prinzip des Individualismus mit sich selbst versöhnt.

Da Hammacher die Probleme moderner Gesellschaften ausdrücklich im weltanschaulichen Bereich ausmacht, verwundert es nicht, dass er davon ausgeht, die Versöhnung zwischen Individuum und technischer Moderne könne ein mystisch erneuertes Christentum sicherstellen. Das war naiv gedacht, denn Ideologien können einer Gesellschaft nicht wie eine Medizin verordnet werden, schon

25 Ebd., S. 10.

26 Die »Hauptfragen der modernen Kultur« blieben Hammachers Hauptwerk. Nur neunundzwanzigjährig, fiel er am 20. Juli 1917 an der Somme.

gar nicht von Philosophen. Weltanschauungen werden nicht von Intellektuellen auf dem Reißbrett entworfen, sondern Gesellschaften entwickeln aufgrund ihrer spezifischen Gegebenheiten und Bedürfnisse Perspektiven auf die Welt, die sich als Ideologien artikulieren.

Sehr viel näher als das Fahnden nach ideologischen Sündenfällen in der Antike, im Mittelalter oder der Aufklärung erschien daher eine Analyse der Mechanismen der modernen Gesellschaft selbst. Vor jeder sinnvollen Kulturkritik steht die Soziologie. Und so ist es kein Zufall, dass der Moderne auf dem Höhepunkt ihrer Entfaltung mit frühsoziologischen Methoden und Erzählungen ihr Untergang prognostiziert wurde.

IV. Postkultur

DIE Moderne ist das Produkt einer Zerstörung. Das ist, bei allen Unterschieden, der große Konsens bei de Maistre, Massis, Guénon, bei Lagarde, Langbehn und vergleichbaren Chronisten des Untergangs. Das Problem, das Destruktive und Zersetzende, liegt also nicht in der Moderne selbst, sondern in einem historischen Umschlagpunkt, von dem aus sich eine Art Kulturfäulnis ausbreitete, die in der Moderne kulminierte. Und das Gift, das in die abendländische Kulturentwicklung infundiert wurde, auch hier herrscht breiter Konsens, ist der Individualismus: Hedonismus, Materialismus, Skeptizismus, Säkularisierung – das alles sind nur Folgen und Begleitumstände einer entweder durch philosophische Reflexion oder wahlweise auch die Reformation ausgelösten Selbstermächtigung des Subjekts, das Wahrheit und spirituelle Erfüllung nun nicht mehr in Gott oder dem Evangelium, sondern ausschließlich in sich selbst findet und in der diesseitigen Welt – also in der Zerstörung überlieferter politischer Ordnungen, in materiellem Besitz, Erfolg und Lustgewinn.

Doch die Gesellschaft, die unter dem Vorzeichen von Individualität und Emanzipation entsteht, ist alles andere als individualistisch. Es ist vielmehr die Massengesellschaft der industrialisierten Moderne. Der Individualismus, den man beklagt, ist eigentlich keiner. Nicht um Individualität geht es dem modernen Subjekt, sondern um die möglichst reibungslose und geschmeidige Anpassung in ein Wohlstandskollektiv zwecks privater Wohlfahrt. Das persönliche Ziel ist daher auch nicht die individuelle Emanzipation, sondern materieller Eigennutz. Doch materieller Eigennutz und Individualität haben selten etwas miteinander zu tun.

So zeigt sich die kulturpessimistische Individualismuskritik im Kern als eine Kritik der modernen Massengesellschaft. Nicht ein Zuviel von Individualismus wird kritisiert, sondern hinter der Kritik am Individualismus verbirgt sich der Vorwurf, die Moderne habe ein falsches Verständnis von Individualismus hervorgebracht, einen Individualismus, der mit Individualität kaum etwas anfangen kann und letztlich auf Konformität hinausläuft.

Charakteristisch für die Moderne sei die Tyrannei des Allgemeinen, also »Gewohnheit, Mode, Sitte, Kultur, Gesellschaft, Staat, Kirche«. Deshalb hängt die Zukunft »nicht an der Schulung der Massen, welche schließlich ja doch nur aus einzelnen Menschen bestehen, nicht am Staate, nicht an der Verfassung«,[1] sondern am Einzelnen. Daraus ergibt sich für Lagarde die Forderung, »den einzelnen

1 de Lagarde 1903, S. 158.

Menschen so und soweit irgend möglich in seine Rechte gegenüber der Welt einzusetzen, möge diese Welt Formen haben welche sie wolle: alles zu thun, was den Menschen als Einzelnen zur Vollkommenheit bringen kann«[2]. Entsprechend beklagt auch Langbehn: »Auf dem Gebiet des Denkens wie der schönen Literatur fehlt es an epochemachenden Individualitäten.«[3] Entsprechend komme es darauf an, sich vom allgemeinen Zeitgeist zu lösen. »Individualismus heißt das Zauberwort, das alle Riegel sprengt.«[4] Dass dieser Individualismus wiederum kollektiv gedacht wird, in dem Fall also als Eigenschaft der Deutschen, gehört zu den Wirrungen des Individualismus-Diskurses des ausgehenden 19. Jahrhunderts.

Am ausgeprägtesten zeigt sich diese Dialektik der Individualität bei René Guénon. In bester kulturpessimistischer Tradition verteufelt er den Individualismus als »Einengung der Kultur auf allen Gebieten einzig auf rein menschliche Bestände« und somit als »die bestimmende Ursache des gegenwärtigen Verfalls des Abendlandes«.[5] Zugleich träumt er von einer Elite, die der Masse die Richtung weist, und sieht den wesentlichen Mangel des Abendlandes darin, dass dort, anders als in den Kulturen des

2 Ebd., S. 159.
3 Langbehn 1890, S. 1.
4 Ebd., S. 225.
5 Guénon 1950, S. 85.

Ostens, keine Elitenbildung mehr stattfinde. Seine Hoffnung, dass ein durch strenge Auslese herausgeformter Eliten-Katholizismus oder die dem Elitenprinzip noch verbundenen Kulturen des Ostens der Grundstein für eine Gesundung des Abendlandes sein könnten, zielt auf die Überwindung der industrialisierten Massengesellschaft, da diese einen Individualismus anbete, der keiner ist. Nicht um die Überwindung des Individualismus geht es Guénon, sondern um dessen Bewahrung und Rekonstruktion. Diese sei notwendig, weil die Moderne durch das Prinzip der Inversion gekennzeichnet sei.[6] Sie habe ein Neusprech verinnerlicht, das alle Begriffe menschlicher Existenz in ihr Gegenteil verkehrt. Zerfall wird als Fortschritt gedeutet, Unfreiheit als Freiheit und der Verlust an Individualität als Individualismus.

Die Inversion des Individualismus liegt in seiner eigenen Binnenlogik: Wenn alle individuell sein wollen, wird Individualität zum Massenphänomen, zumal wenn die Mittel individueller Selbstinszenierung durch eine Massenkonsumgüterindustrie verfügbar gemacht werden. Der Individualismus hebt sich damit selbst auf. Individualität gerät zur Konfektion. Destruktiv am Individualismus sei also nicht so sehr der Individualismus per se, sondern

---

6 Zur Entwicklung des Begriffs der Inversion bei Guénon und im Traditionalismus vgl. Sedgwicks »Against the Modern World« S. 24–28.

der aus ihm erwachsene paradoxe Effekt, dass er die Ausformung der modernen Massengesellschaft noch beschleunigt. Diese Einsicht hatte auch methodische Folgen: Gesellschaftsanalytisch richtete sich der Blick vieler Denker nicht mehr auf die ideengeschichtlichen Wurzeln des Individualismus, auf griechische Philosophie oder Reformation, sondern auf die Konstitutionsbedingungen der modernen Industriegesellschaft selbst. Unter dem Eindruck der sich konstituierenden Massengesellschaften des ausgehenden 19. Jahrhunderts wenden sich viele Analytiker von der diachronen Ebene historischer Entwicklung ab und der synchronen, horizontalen Ebene gesellschaftlicher Relationen zu.

Den Ton gibt dabei ein französischer Arzt vor: Gustave Le Bon. 1895 veröffentlicht er jenes Buch, das einmal sein Hauptwerk werden und einen kaum zu überschätzenden Einfluss nicht nur auf die Kulturgeschichte haben wird: die »Psychologie der Massen«. Schon in der Einleitung hält Le Bon fest: »Das Zeitalter, in das wir eintreten, wird in Wahrheit die Ära der Massen sein.«[7] Denn die Macht der Masse wird immer bedeutender werden. Da die Masse aber niemals konstruktiv sein kann, sondern immer nur destruktiv, bedeutet ihre Herrschaft »stets eine Phase der Barbarei«[8].

---

7 Le Bon 1908, S. 2.
8 Ebd., S. 5.

Le Bon hat ein psychologisches Interesse an der Masse, kein historisches. Für ihn entfaltet sich die zerstörerische Macht der Masse, wenn eine Zivilisation sich erschöpft hat: »Ist das Gebäude einer Zivilisation wurmstichig geworden, so sind es stets die Massen, welche deren Zusammensturz herbeiführen.«[9] Wurmstichig jedoch wird die Zivilisation aus internen Ursachen, die die Masse im quantitativen Sinne erst zur Masse im qualitativen Sinne machen. Denn eine Ansammlung von Menschen ist für Le Bon noch keine Masse. Diese konstituiert sich erst, wenn diese Ansammlung Eigenschaften entwickelt, die über diejenigen der versammelten Individuen hinausgehen und sich eine »Kollektivseele« oder »psychologische Masse«[10] bildet. Dafür bedarf es eines Schlüsselreizes. Nicht jede Massenansammlung konstituiert zwangsläufig eine Masse. Wichtiger als die Anzahl der Versammelten sei der Auslöser, der eine Gruppe zur Masse mache. Psychologisch gebe es Eigenschaften, die die Masse mit dem Individuum gemein habe, während andere tatsächlich nur der Masse zukämen. »An der psychologischen Masse ist das sonderbarste dies: welcher Art auch die sie zusammensetzenden Individuen sein mögen, wie ähnlich oder unähnlich ihre Lebensweise, Beschäftigung, ihr Charakter oder ihre Intelligenz ist, durch den bloßen Umstand ihrer

9 Ebd., S. 5.
10 Ebd., S. 9.

Umformung zur Masse besitzen sie eine Art Kollektivseele, vermöge deren sie in ganz anderer Weise fühlen, denken und handeln, als jeder von ihnen für sich fühlen, denken und handeln würde.«[11] Deshalb geht in der Kollektivseele die Individualität der Individuen verloren. »Das Heterogene versinkt im Heteronomen, und es überwiegen die unbewussten Qualitäten.«[12]

Doch das Unbewusste ist das Hässliche. Und gerade in der Masse, in der der Einzelne sich beschützt sieht, kommt es zum Ausbruch. Dies um so mehr, als die Masse ansteckend wirkt. Stimmungen und Emotionen verbreiten sich in ihr ungehemmt. Vor allem aber steigert die Masse die Suggestibilität des Einzelnen, seine Manipulierbarkeit. Die Masse wirkt auf den Einzelnen hypnotisierend: »Das Individuum ist nicht es selbst, ist ein willenloser Automat geworden«, ein barbarischer dazu, denn in der Masse steigt »der Mensch mehrere Stufen auf der Leiter der Zivilisation herab«.[13]

Le Bon geht es um eine Psychopathologie der Masse und die Rolle des Individuums in der industriellen Massengesellschaft. Am Ende droht für ihn die Barbarei. Nur das Individuum als Individuum kann jene Zivilisationsstandards leben, die die Masse lustvoll niederreißt. Der Kulturver-

---

11 Ebd., S. 12.
12 Ebd., S. 14.
13 Ebd., S. 16.

fall, den Le Bon diagnostiziert, ist das Produkt einer Enthemmung. Die Masse macht besinnungslos und lässt, freudianisch gesprochen, das Es über das Über-Ich triumphieren. Der Untergang des Abendlandes gründet also nicht in seiner spezifischen Kultur, sondern in dem Entstehen einer Massengesellschaft und den massenpsychologischen Effekten.

Le Bons Bestseller ist in der 29. Auflage, als 1929 José Ortega y Gasset seinen Essay »Aufstand der Massen« veröffentlicht. Obwohl Ortega Le Bon nicht erwähnt, hat er ihn natürlich gelesen. Und er denkt ihn weiter. Denn Le Bon konzipiert die Masse vor allem als Massenansammlung. Deshalb auch ist sein Buch die Grundlage für alle Überlegungen zur Massenmanipulation, von der politischen Propaganda bis zu ersten Theoriekonzepten der Werbung bzw. den Public Relations.

Aber der Mensch ist nicht immer Teil einer Masse, auch in einer Massengesellschaft nicht. Damit die Massengesellschaft wirklich erfolgreich ist und sich als historische Formation durchsetzt, reicht es nicht aus, dass sie den Einzelnen punktuell in einen hypnotischen Rausch versetzt. Die Massengesellschaft muss, um wirklich Massengesellschaft zu werden, letztlich Sehnsuchtsort werden. Indem die Massengesellschaft sich aber selbst als Ideal konstituiert, wird sie Ideologie. Aus diesem Grund löst Ortega den Begriff der Masse von der konkreten Massenansammlung und verwendet ihn als Charakteristikum der modernen, urbanen, durch Massengüterkonsum und Massenmedienrezeption gekennzeichneten Industriegesellschaft. Masse wird hier zu einem Lebensgefühl, zu einer Lebenshaltung, die mit Kollektivismus zunächst wenig zu tun hat, um so mehr aber mit dem Emanzipationsbedürfnis des Individuums.

Anders etwa als Elias Canetti, den »Anarchisten des anthropologischen Denkens«[14], interessiert Ortega nicht die Masse als Masse. Für Canetti ist die Masse ein Subjekt, das durch die Verschmelzung der Subjekte entsteht und sich in einer geradezu sexuellen Entladung konstituiert: »In der *Entladung* werden die Trennungen abgeworfen und alle fühlen sich *gleich*. In dieser Dichte, da kaum Platz zwischen ihnen ist, da Körper sich an Körper presst, ist einer dem anderen so nahe wie sich selbst. Ungeheuer ist die *Erleichterung* darüber. Um dieses glücklichen Augenblickes willen, da keiner *mehr*, keiner besser als der andere ist, werden die Menschen zur Masse.«[15] Genauer: Sie werden zu Massen von Massen, da jedes Individuum unterschiedlichen Massenkonfigurationen angehören kann, die wiederum Massen zu bilden vermögen. Für Ortega hingegen ist die Masse Canettis eine Möglichkeit der Massengesellschaft, aber nicht das sie bestimmende Element. Das ist das Individuum in seiner kleinbürger-

---

14 Sloterdijk 2016, S. 10.

15 Canetti 1978, S. 14.

lichen Variante als Massenmensch. Erst der einzelne Massenmensch konstituiert die Masse.

Aus Sicht der traditionellen Eliten des aristokratischen und großbürgerlichen Europas erscheint das Massenzeitalter und die es tragenden Werte vulgär, hässlich und gewöhnlich. Nicht die gesellschaftlichen Oberschichten bestimmen länger die ethischen und ästhetischen Normen, sondern die Mittel- und Unterschicht. Das geschieht teils unbewusst, vor allem aber bewusst. Die Ideale und Normen der Massengesellschaft werden zur Weltanschauung und somit zum politischen Programm: »Charakteristisch für den gegenwärtigen Augenblick ist jedoch, dass die gewöhnliche Seele sich über ihre Gewöhnlichkeit klar ist, aber die Unverfrorenheit besitzt, für das Recht der Gewöhnlichkeit einzutreten und es überall durchzusetzen.«[16]

Dabei leitend ist die Sehnsucht nach individueller, grenzenloser Selbstverwirklichung. Wertvorstellungen, die ihr im Wege stehen, werden fallen gelassen, traditionelle Auffassungen von Anstand, Sitte und Ordnung pulverisiert. Bestimmend ist dabei weniger die Verachtung der Tradition an sich als der feste Wille, sich durch keinerlei Norm fremdbestimmen zu lassen: »Nicht dass der Massenmensch eine veraltete Moral zugunsten einer emportauchenden verachtet; im Zentrum seiner Lebensführung steht gerade der Anspruch, ohne

16 Ortega 1978, S. 13.

moralische Bindung zu leben.«[17] Grundlage dieser Entwicklung sei das Entstehen einer urbanen und industrialisierten Lebenswelt: »Die Welt, die den neuen Menschen von Geburt an umgibt, zwingt ihn zu keinem Verzicht in irgendeiner Beziehung; sie stellt ihm kein Verbot, keine Hemmungen entgegen.«[18] Wo aber Massen ohne oktroyierte Moralvorstellungen leben wollen, löst sich die überlieferte Gesellschaftsordnung auf. Das hat nicht nur politische, sondern auch kulturelle Folgen. Und da Kultur in der Massengesellschaft vor allem Alltags- und Populärkultur meint, verändert sich vor der hochkulturellen Überlieferung vor allem die Alltagskultur massiv. Denn das öffentliche Leben ist »nicht nur politisch, es ist zugleich, ja zuvor geistig, sittlich, wirtschaftlich, religiös; es umfasst alle Kollektivbräuche und schließt die Art der Kleidung wie des Genießens ein.«[19]

Das Individuum in der Massengesellschaft ist also kein in einem Kollektiv sich auflösendes Einzelnes, sondern vielmehr das sich bewusst als Akteur der industriellen Massengesellschaft inszenierende Subjekt: Masse ist jeder, der sich nicht selbst aus besonderen Gründen – im Guten oder im Bösen – einen besonderen Wert beimisst, sondern sich schlechtweg für Durchschnitt hält, und dem doch

17 Ebd., S. 153.
18 Ebd., S. 45.
19 Ebd., S. 7.

nicht schaudert, der sich in seiner Haut wohl fühlt, wenn er merkt, dass er ist wie alle.«[20]

Nicht Institutionen und Überlieferungen bestimmen Normen und Werte, sondern die Massengesellschaft selbst legt diese fest. Genau in diesem Moment löst Kultur sich auf und Barbarei hält Einzug: »Barbarei ist es, geben wir uns keinen Täuschungen hin, die dank der zunehmenden Aufsässigkeit der Massen in Europa anzubrechen droht.«[21]

Der Verlust an Hochkultur, an Form und Geschmack ist der Preis, den die Moderne zu zahlen hat. Ihm gegenüber steht der Gewinn an Wohlstand und sozialer Sicherheit, an Gleichheit und Gleichberechtigung, den die industrialisierte Massengesellschaft mit sich bringt. Der Normenverfall wird durch einen deutlich erhöhten Lebensstandard aufgewogen, der Verlust an Kultur und Bildung durch die Ausbildung eines Spezialistentums und einen höheren allgemeinen Ausbildungsstand.

In einer paradoxen Wendung zeigt Ortega, dass das Massenproblem eigentlich kein Massenproblem, sondern ein Problem des Individuums ist. Denn die Masse ist kein Subjekt. Sie handelt nicht. Sie ist keine historische Größe. Sie entsteht vielmehr im Kopf eines gewissen Menschentypus, nämlich des Bürgers der industrialisierten Moderne. In Ortegas Jargon: Erst der Massenmensch bringt die

---

20 Ebd., S. 10.
21 Ebd., S. 57.

Massengesellschaft hervor, nicht umgekehrt. Die Eigenschaften, Werte und Normen der Massengesellschaft sind daher die Eigenschaften, Werte und Normen der sie konstituierenden Individuen. Denn in dem konfektionierten Bemühen, anders zu sein, werden alle gleich. »Differenzierte Indifferenz ist das formale Geheimnis der Masse und ihrer Kultur, die eine totale Mitte organisiert. Deren Jargon kann daher kein anderer sein als der eines abgeschliffenen Individualismus.«[22]

Auf eine einfache Formel gebracht bedeutet das: Die Massengesellschaft ist das Produkt eines gescheiterten Individualismus und misslungener Emanzipation. Dieses Scheitern des im Kern aufklärerischen Projektes individueller Selbstschaffung liegt in der Logik und den Strukturen der modernen Massengesellschaft selbst. Ortega, mehr als Canetti, widerruft also den sich rein sozialpsychologisch gebenden Ansatz Le Bons. Die Massengesellschaft ist eben nicht nur das Produkt von Industrialisierung, Urbanisierung und Massenkonsum, sondern zugleich eine individualistische Ideologie, die ihre Wurzeln in der Aufklärung und im Eskapismus der Romantik hat und als Massenphänomen den Ordinärromantiker der Moderne generiert, der sich auf der Suche nach seinem angeblichen Selbst der blauen Blume des Massenkonsums verschreibt. Ideologie ist Ideologie immer nur in ein-

22 Sloterdijk 2016, S. 87.

zelnen Köpfen. Um wirksam zu sein und als Weltanschauung übernommen zu werden, muss sie dem Einzelnen Sinn, Erfüllung oder zumindest Erleichterung des Lebens versprechen. Das ist unter anderem der Grund dafür, dass parallel zu den großen Theorien der Masse von Le Bon über Freud, Ortega, Canetti bis hin zu Hendrik de Man oder David Riesman das Schicksal des individuellen Allgemeinen, also das moderne Individuum und seine Pathologien, in den Fokus rücken. Denn wo die Masse aufsteht, da ist der Andere die Hölle.

Den Verdacht, dass die industrielle Massengesellschaft und der sich in ihr verkörperte Kulturzerfall das Produkt des sich in eine existentielle Orientierungslosigkeit hineinemanzipierten Bürgers der Moderne darstellt, artikulierte kaum einer in so entrückter Klarsichtigkeit wie Alfred Seidel. 1895 geboren, entstammte Seidel einer schlesischen Kaufmannsfamilie. Sein Vater beging früh Selbstmord, die Mutter starb, als Seidel zwölf Jahre alt war. Als Schüler gehört er dem Wandervogel an, 1915 geht er nach Freiburg und ist in der freistudentischen Jugendbewegung aktiv. Schon 1916 ist er zurück in Berlin und verkehrt im Umfeld Hans Blühers, des ersten Historikers der Wandervogelbewegung und Theoretikers homoerotischer Antibürgerlichkeit. Doch mehr als der romantische, sternenbündlerische Ästhetizismus Blühers begeistert Seidel der dialektische Materialismus und die kommende Revolution.

Ab 1920 sieht man Seidel in Heidelberg. Hier bringt er – noch vor Wilhelm Reich – intellektuell zusammen, was Jahrzehnte später die Grundtonart jeder Kulturkritik sein wird: Freud und Marx. Zugleich verkehrt er im Kreis um Marianne und Alfred Weber, Witwe beziehungsweise Bruder des verstorbenen Max Weber. Es ist jedoch insbesondere der Dozent für Soziologie Karl Mannheim, der mit seiner Ideologiekritik nicht nur großen Einfluss auf den jungen Gesellschaftstheoretiker haben wird, sondern zugleich das Verhältnis von Gesellschaft, Individuum und Weltanschauung nüchtern und konsequent zu Ende denkt.

Als Mannheims Hauptwerk »Ideologie und Utopie« 1929 erschien, war Seidel schon fünf Jahre tot. Dennoch zeigen seine hinterlassenen Schriften, dass es vor allem Mannheim war, der ihn von den Gewissheiten eines orthodoxen Marxismus befreite – und von allen anderen Gewissheiten gleich mit. Für Mannheim war klar, »dass es Denkweisen gibt, die solange nicht adäquat verstanden werden können, als ihr gesellschaftlicher Ursprung im Dunkeln bleibt«[23]. Um das Denken der Menschen zu verstehen, ihre Ideologien und Utopien, muss man sich ihr soziales und kulturelles Umfeld betrachten. Niemand denkt für sich allein: »Jedes Individuum ist daher durch die Tatsache, dass es in der Gesellschaft aufwächst, in einem zweifachen

23 Mannheim 2015, S. 4.

Sinne prädeterminiert: es findet eine fertige Situation vor und in dieser Situation findet es vorgeformt Denk- und Verhaltensmodelle vor.«[24]

Unser aller Denken ist das Produkt unserer Sozialisation. Aus diesem Grund braucht es eine Wissenssoziologie. Denn Menschen »handeln in verschieden organisierten Gruppen mit- und gegeneinander und während sie dies tun, denken sie mit- und gegeneinander«[25]. Das Ergebnis: Moderne Gesellschaften zerfallen in unterschiedliche Denkmilieus, die von ebenso unterschiedlichen weltanschaulichen Prämissen geprägt sind. Diese Prämissen jedoch sind unbewusst. Die jeweiligen Denkmilieus nehmen sie an sich nicht wahr. Genau aus diesem Grund stabilisieren solche unbewussten Denkschemata eine Gemeinschaft. Und umgekehrt gilt: Solange eine Gesellschaft sozial und ökonomisch stabil ist, bleiben auch die Motive, Inhalte und Strukturen ihres Denkens konstant.

Mannheim betont, dass Diversität und Pluralität der Denkweisen in einer Gesellschaft erst mit horizontaler und vertikaler Mobilität Einzug halten, also mit sozialer Ausdifferenzierung oder räumlicher Bewegung. Entsprechende soziale Transformationsprozesse liefen etwa beim Übergang vom Mittelalter in die Neuzeit ab. Entscheidend dabei war, dass das »Monopol der kirchlichen Weltinter-

---

24 Ebd., S. 5.
25 Ebd.

pretation, das die Priesterschaft innehatte, gebrochen« wurde, und an die Stelle einer geschlossenen und durchorganisierten Intellektuellenschicht »eine freie Intelligenz«[26] trat. Charakteristisch für die Neuzeit und noch mehr für die aus ihr entstehende Moderne ist somit eine Pluralisierung der Denkweisen, die zu einer »allmählichen Auflösung des einheitlichen objektiven Weltbilds« führte, »die für den einfachen Mann auf der Straße die Form einer Pluralität einander widersprechender Weltanschauungen annahm und sich den Intellektuellen als die unversöhnliche Pluralität von Denkstilen darbot«[27].

Diese allgemeine Heterogenisierung der Denkweisen bewirkte allerdings noch nicht deren Relativierung. Denn der wahre Ideologe ist immer der andere. Deshalb weist Mannheim mit Nachdruck darauf hin, dass es das eigentliche Ziel aufgeklärten Denkens sein muss, »nicht nur den gegnerischen, sondern prinzipiell alle, *also auch den eigenen Standort*, als ideologisch zu sehen«[28]. Das bedeutet jedoch zugleich, dass es keine normativen Wahrheiten gibt. Jede ästhetische oder ethische Aussage ist ideologisch und abhängig von der Herkunft und dem Umfeld dessen, der sie äußert – »standortgebunden« nennt Mannheim das. Das Individuum

26 Ebd., S. 12.
27 Ebd., S. 36.
28 Ebd., S. 70.

begreift sich als Teil einer Filterblase, ohne der Existenz in einer Filterblase entkommen zu können.

An diesem Punkt Karl Mannheims wird nun Alfred Seidel anknüpfen. Denn in einer Moderne, in der jede Haltung, jede Position, jede Norm und jeder Wert seine stabilisierende Funktion verloren hat, da sie als soziologisch und psychologisch bedingt entlarvt sind, stellt sich die Frage nach dem Wert des Erkennens, ja nach dem Wert von Bewusstsein überhaupt. Und Seidels Antwort wird sein: Bewusstsein ist ein Verhängnis. In seinem Abschiedsbrief an den Freund, Herausgeber und Psychiater Hans Prinzhorn, jenen Prinzhorn, der wenige Jahre zuvor durch sein Buch »Bildnerei der Geisteskranken« vor allem bei den Künstlern der europäischen Avantgarde Berühmtheit erlangt hatte, schreibt er: »Es ist der Beginn der großen Verzweiflung der abendländischen Kultur.«[29]

Doch vor jeder Verzweiflung steht die Bedrohung, und die hat ihre Wurzeln in dem umfassenden Verlust an weltanschaulicher Orientierung. »Die Entthronung der absoluten Idee durch die Bejahung der Realitäten – heißen diese nun Leben, Macht, Sexualität einerseits oder Nation und Klasse andererseits – ist Zeichen der Auflösung der Kultur«,[30] notiert Seidel und dreht damit die ideologiekritische Schraube noch um einen existenzphilosophischen

29 Seidel 1927, S. 45.
30 Ebd., S. 202.

Dreh weiter: Ideologien, als Ideologien enttarnt, verlieren nicht nur jede Orientierungsfunktion, sie gaukeln auch einen Realismus vor, der keiner ist, und zeichnen ein verzerrtes Bild menschlichen Daseins. Die Realität selbst wird zur Ideologie, jede Kultur damit unmöglich, die menschliche Existenz zur Lüge. Denn wer das Unbewusste bewusst macht, zerrt nicht einfach das Unbewusste ans Licht. Er entstellt damit zugleich die Realität, da er dem Irrtum unterliegt, dass vom Unbewusstsein befreite Wahrnehmung eine Art Realität an sich wahrnimmt. Das aber ist eine Illusion. Und so schlägt Aufklärung in ihr Gegenteil um, in die Selbstzersetzung. »Am Werke sind hier unter dem Gerede von Aufbau de facto nur Kulturnihilisten: Denn es gibt nichts Negativeres als das Gerede von der Positivität.«[31]

Das ist zunächst nicht neu. Mit Freud argumentiert Seidel für die Sublimation, die kulturstiftend ist, und gegen die destruktive Wirkung der Triebbefreiung. Doch unbewusste Triebe und Motivationen, die erst einmal als unbewusst entlarvt sind, lassen sich nicht mehr sublimieren. Kultur, da auf dem Unbewussten beruhend, wird unmöglich, wenn das Unbewusste demaskiert ist. Die Aufklärung zerstört so ihre eigenen Grundlagen. Man muss daher wählen: Kultur oder Aufklärung. Beides zugleich, so Seidel, ist nicht zu haben. Aufklä-

31 Ebd., S. 203

rung, die nicht in Nihilismus versinken will, muss sich daher selbst aufklärerisch hinterfragen. Es bleibt ihr nur übrig, »den Nihilismus zu nihilisieren«, sich selbst die Maske vom Gesicht zu reißen, indem sie ihre eigenen Theorien auf sich selbst anwendet: »Somit gilt es den Kampf zu führen gegen die schamlose Selbstbejahung unserer Zeit, um der Reinheit des Geistes und der wahren Kultur willen, sei sie auch in dieser Kultur nicht mehr möglich.«[32] Doch die Zerstörung der Kultur durch ihre Heterogenisierung ist, so Seidel, nur zeitweise aufzuhalten. Auch die Nihilisierung des Nihilismus ist nihilistisch. Jede Aufklärung der Aufklärung bedient sich der Mittel, die sie anklagt. Der Affirmation des Kulturzerfalls kann allenfalls für Momente Einhalt geboten werden, da ihre Analyse an derselben Krankheit zum Tode leidet: dem Bewusstsein.

Noch in Heidelberg hatte Seidel neben dem Kreis um die Webers und Mannheim Ernst Bloch und Georg Lukács kennengelernt. 1922 zieht es ihn nach Frankfurt, wo er auf Siegfried Kracauer trifft und einen jungen Studenten namens Theodor Wiesengrund, späteren Adorno. Der wird Seidels Programm der Nihilisierung des Nihilismus gut zwanzig Jahre später als Dialektik der Aufklärung umzusetzen versuchen, dabei allerdings viel zu spät bemerken, dass – wie Seidel gewarnt hatte – die Bejahung des Lebens dessen Zerrüttung bedeu-

32 Ebd.

tet. Befreit von der autoritären Moral der altbürgerlichen Gesellschaft werden die Menschen eben nicht frei, sondern gefangen in ihrem Hedonismus sein. Adorno sollte das erst kurz vor seinem Tod zugestehen.

Sein Versuch der Nihilisierung des Nihilismus in Form einer dialektisch gehaltenen Aufklärung der Aufklärung scheitert schon daran, dass er – bei aller zur Schau gestellten Bemühung, der dialektischen Situation Herr zu werden – die Forderung Mannheims, die eigene Standortgebundenheit immer mitzudenken, nicht ernsthaft einlöst. Eine Ursache dafür ist die Annahme Adornos, dass der Mensch weniger in Ideologien verstrickt, als vielmehr in einen umfassenden Verblendungszusammenhang eingewoben ist. Dieser ist weder soziologisch noch psychologisch begründet, sondern liegt im Wesen des Menschen, in seiner Anthropologie. Die Verblendung – hier knüpft Adorno an Seidel an – liegt im Bewusstsein selbst. Denn indem er denkt, stellt sich der Mensch außerhalb der Natur und will sie zugleich verstehend beherrschen. »Denken«, heißt es in der »Dialektik der Aufklärung«, »verdinglicht sich zu einem selbsttätig ablaufenden, automatischen Prozess, der Maschine nacheifernd, die er selber hervorbringt.«[33]

Das Ergebnis ist Versachlichung, Säkularisierung, Entzauberung. Ähnlich Guénon zeichnen Adorno

---

33 Adorno/Horkheimer 1984, S. 42.

und Horkheimer hier einen Weg der Gewalt und Unterwerfung, der im Prinzip in der griechischen Philosophie beginnt und von dort über den Protestantismus, die Aufklärung und die Industrialisierung in die Kleinbürgerhölle des Großraumbüros und die Fabriken führt. Hier, in der industrialisierten Moderne, verarmt der Mensch endgültig, stumpft ab und wird durch den Konformismus und Mechanismus der täglichen Abläufe entfremdet. »Der Fluch des unaufhaltsamen Fortschritts ist die unaufhaltsame Regression.«[34]

An die Stelle der Religion und Mythologie treten die Massenmedien als haltgebende Instanzen. Die Uniformität der Massenproduktion standardisiert das Bewusstsein endgültig. »Kultur schlägt heute alles mit Ähnlichkeit.«[35] Die Verwertungsprozesse der kapitalistischen Kulturindustrie und ihrer technischen Rahmenbedingungen formatieren die Kunstprodukte und ihre Rezeption. Angebliche Differenzen und Kennerschaft dienen nur dazu, den Schein von Konkurrenz und Wettbewerb aufrechtzuerhalten. »Darum ist der Stil der Kulturindustrie, der an keinem widerstrebenden Material mehr sich zu erproben hat, zugleich die Negation von Stil.«[36] Die Vielfalt des Angebotes der Kulturindustrie entlarvt sich als Schein. Die Moden, Mu-

34 Ebd., S. 53.
35 Ebd., S. 141.
36 Ebd., S. 151.

sikstile und Filmgenres sind nicht Ausdruck individueller Publikumsinteressen, sondern Schablonen des Massengeschmacks zur Kategorisierung des Publikums. Aufgabe der Kulturindustrie ist es, die durch den Arbeitsprozess standardisierte und erfasste Welt immer wieder zu reproduzieren und sie so als einzig mögliche zu bestätigen. »Immerwährend betrügt die Kulturindustrie ihren Konsumenten um das, was sie immerwährend verspricht.«[37] Das Individuum wird abgeschafft. Es herrscht »Pseudoindividualität«.

Adorno und Horkheimer diagnostizieren also, in erstaunlichem Schulterschluss mit Autoren wie Paul de Lagarde, Julius Langbehn und René Guénon, einen falschen Individualismus. Dieser hat auf den ersten Blick seine Wurzeln in der Produktionslogik technischer Massenfabrikation. Schaut man genauer hin, zeigt sich jedoch, dass hier Macht- und Unterwerfungskonzepte zur Entfaltung kommen, die im Grunde schon der Entdeckung menschlicher Rationalität als Herrschaftsinstrument eingeschrieben waren. Pointiert formuliert: Die Destruktivität der Moderne kündigte sich an, als Xenophanes die Götter verhöhnte und die Rationalität über den Mythos stellte.

Damit liefern Adorno und Horkheimer eine Synthese aus ideengeschichtlich motiviertem und soziologischem Kulturpessimismus. Die abendländische

---

37 Ebd., S. 161.

Kultur krankt aus ihrer Sicht an einem Nivellierungsprozess, dessen sterile Logik den technischen und sozialen Bedingungen der kapitalistischen Moderne entspringt. Unter historischer Perspektive jedoch liegen die Ursachen für die Herausbildung dieser von den Automatismen der Konsumgüterindustrie beherrschten Massengesellschaft am Anfang der abendländischen Kultur, in der Überwindung des Mythos durch eine verdinglichende Vernunft, der Gewalt, Unterwerfung und Unterdrückung inhärent ist. In dieser Sichtweise werden die Grenzen zwischen Theologie und Soziologie verwischt. Die gesellschaftlichen Mechanismen der modernen Massengesellschaft mutieren zu Produkten eines Sündenfalls, dessen anthropologischer Jargon deren theologische Dimension kaum verdecken kann. Geschichte wird zur Unheilsgeschichte, zur Chronik eines geistigen Niedergangs. Aus dem Projekt einer aufgeklärten Aufklärung wird so qua Theologisierung eine aufklärungsblinde Gegenaufklärung. Beklagt werden letztlich die Säkularisierung, der Verlust transzendenter Entitäten oder Normen, die Selbstermächtigung menschlicher Vernunft als höchste Instanz, letztlich die Entzauberung der Welt.

Adorno und Horkheimer stehen mit dieser Diagnose nicht allein. Sie ist der Grundkonsens und eigentliche Motivator des Kulturpessimismus, wie er von de Maistre erstmals formuliert und ab Mitte des 19. Jahrhunderts immer neu artikuliert wurde. Lagarde, Langbehn, Massis, Guénon, Seidel,

Ortega, sie alle beklagen im Kern den Verlust eines Absoluten, der wahlweise mittels religiöser Restauration, der Begründung einer neuen Nationalreligion, der Kunst, östlicher Mystik oder der Besinnung auf die abendländische Kultur überwunden oder zumindest teilkompensiert werden soll.

Ausgehend von der Diagnose bedrohter Individualität verrennt sich der klassische Kulturpessimismus in methodischen Eskapismus und eine Geschichtsmetaphysik des Niedergangs. Selbst dort, wo – wie etwa bei Ortega oder Adorno – versucht wird, den diagnostizierten Kulturwandel mit einem im weitesten Sinne soziologischen Blick zu analysieren, wird dieser durch eine semireligiöse Großerzählung überlagert. Kulturkritik jedoch, die ernstgenommen werden will, darf weder als verkappte Theologie enden noch als Geschichtsmetaphysik. Sie muss, gerade wo sie spezifische Phänomene der Moderne kritisiert, modernen Rationalitätsstandards genügen. Eine Kulturkritik, die sich in Geschichtsesoterik verliert, schadet ihrem Anliegen.

Was aber ist mit »Kultur« und ihrem Zerfall genau gemeint? Dieser ebenso einfachen wie zentralen Frage gehen die Klassiker kulturpessimistischen Denkens jedoch ausnahmslos aus dem Weg. So entlarvt sich die traditionelle Kritik am Zerfall abendländischer Kultur als Ressentiment gegen die Moderne und das wissenschaftliche Denken überhaupt.

V. Was bleibt

KULTUREN sind, wie wir gesehen haben, standardisierte und standardisierende Symbolsysteme. Sie sind standardisiert, da sie nach Regeln funktionieren. Sie standardisieren, indem sie die Regeln setzen, die notwendig sind, um die Symbole, Rituale und Handlungen zu verstehen, die in ihnen vollzogen oder benutzt werden. Erst ein Regelwerk macht aus einer Oper eine Oper, aus einer Taufe eine Taufe oder aus einem Brief einen Brief.

Ein Symbol kann alles sein, was Bedeutung zu haben vermag: ein Gegenstand, ein Ereignis, eine Eigenschaft, eine Vorstellung, ein Ausdrucksmittel. Deshalb standardisieren Kulturen nicht nur Symbole, sondern legen zugleich fest, was unter welchen Bedingungen als Symbol zu gelten hat. Kulturen sind mithin komplexe Spiele mit Symbolen, die nach festgelegten Regeln gespielt werden, um Bedeutungen und Informationen zu vermitteln. Das wichtigste Merkmal solcher Symbolsysteme ist daher, »dass sie extrinsische Informationsquellen sind«,[1] wie es der Ethnologe Clifford Geertz formuliert hat. »Extrinsisch« meint dabei lediglich, dass es sich um Symbole handelt, die außerhalb

1 Geertz 1983, S. 51.

des Körpers in einem intersubjektiven Raum allgemeiner Verständigung verortet sind.

Anders als nichtsymbolische Informationsquellen »enthalten Kulturmuster einen doppelten Aspekt: Sie verleihen der sozialen und psychologischen Wirklichkeit Bedeutung, d.h. in Vorstellungen objektivierte Form, indem sie sich auf diese Wirklichkeit ausrichten und zugleich die Wirklichkeit auf sich ausrichten«[2]. In Symbolsystemen artikuliert sich eine Sicht der Welt und wird für die Angehörigen der Symbolgemeinschaft anschaulich und kommunizierbar. Zugleich wird die Welt durch und mittels dieser Symbolsysteme wahrgenommen und interpretiert.

Diese Fähigkeit zur Herausbildung selbstbezüglicher Symbolsysteme ist es, die den Menschen vom Tier unterscheidet. Tierische Symbolsysteme beziehen sich auf die Welt. Sie stehen für Tatsachen. Auch menschliche Symbole können sich auf Tatsachen in der Welt beziehen. Vor allem aber erhalten sie ihre Bedeutung durch ihre Verortung im gesamten Symbolsystem. Der Tanz der Bienen etwa signalisiert den Standort von Blüten. Auch Tänze von Menschen können sich auf etwas in der Welt beziehen: auf Regen etwa oder Fruchtbarkeit. Ihre Bedeutung ergibt sich jedoch aus dem Ganzen des jeweiligen Kulturgefüges: der Religion, den sozialen Hierarchien, der Überlieferung, den Mythen und Ritualen.

2 Ebd., S. 53.

Bedeutungen aber verschieben sich. Das liegt zunächst daran, dass Symbolsysteme arbiträr sind, also willkürlich. Sie könnten, wie schon gesagt, auch vollständig anders sein. Dass Menschen etwa Rituale haben, liegt in ihrer anthropologischen Ausstattung als soziale und kommunikative Wesen. Welche Rituale sie haben, ist jedoch abhängig von der jeweiligen Umgebung und dem Zufall. Kultur ist somit das Produkt einer sozialen Praxis in einer vorgegebenen Umwelt. Das bedeutet auch, dass sie öffentlich ist. Erst die Öffentlichkeit gibt kulturellen Entitäten Bedeutung. Zwar kann ein Gegenstand oder ein Ereignis für einen Menschen auch eine private, persönliche Bedeutung haben – etwa, weil sie mit einer Erinnerung verknüpft sind –, die Bedeutung kultureller Symbole ist jedoch nicht auf ein Individuum beschränkt. Genauso wenig, wie es eine Privatsprache gibt, gibt es eine Privatkultur.

Wie Sprache muss Kultur also verstanden und interpretiert werden. Individuen, die in eine Kultur hineingeboren werden, lernen den Umgang mit den jeweiligen Symbolen und den Regeln ihrer Verwendung, wie sie ihre Muttersprache erlernen. Doch da die Regeln des richtigen Symbolgebrauchs, ähnlich wie bei der Sprache, implizit sind, nimmt der Einzelne diese zunächst eben nicht als willkürlich war, sondern als natürlich gegeben. Die Vorstellung, dass man andere Speiserituale, eine andere Musik oder andere Höflichkeitsformen haben könnte, erschließt sich aus dem Kultursystem selbst nicht. Aus diesem Grund halten Kulturen ihre Symbolsysteme für ewig, notwendig und selbstverständlich. Sie haben einen inhärenten Absolutheitsanspruch. Sich selbst für beliebig und jederzeit austauschbar zu halten, widerspricht ihrer Logik. Denn Kulturen bzw. Symbolsysteme müssen verlässlich sein. Sie sind auf Dauer angelegt und auf Stabilität. Aus diesem Grund wird die Verbindung zwischen einem Ritual und seiner Bedeutung von den Angehörigen einer Kultur nicht als symbolisch wahrgenommen, sondern als kausal. Kausalbeziehungen sind jedoch natürliche Beziehungen, sie sind unveränderlich.

Kulturen, so könnte man sagen, sind kulturblind. Sie funktionieren, solange ihre Symbole nicht als Symbole, sondern als natürliche Tatsachen wahrgenommen werden. Kulturen sind antipluralistisch und antirelativistisch. Allerdings kommt es innerhalb von Kulturgemeinschaften immer wieder zu Regelverletzungen. Zumindest innerhalb traditioneller Kulturgemeinschaften werden die meisten Regelverletzungen jedoch weniger auf Nonkonformismus beruhen, sondern auf unbewussten Regelmutationen, die sich in die Tradierung einschleichen. Aufgrund des herrschenden Standardisierungsdrucks haben solche Überlieferungsmutationen jedoch nur dort eine Chance, wo aufgrund räumlicher oder sozialer Mobilität Autonomisierungsprozesse den Normierungsdruck aufheben und subkulturelle Nischen schaffen.

Das größte Destabilisierungspotential für eine Kultur aber stellt der Kontakt mit anderen Symbolsystemen da. Dabei ist davon auszugehen, dass die Wahrscheinlichkeit der Übernahme und Anpassung externer Normierungsstandards mit der Nähe oder Verwandtschaft zu der fremden Kultur zunimmt. Je ähnlicher zwei Symbolkomplexe sind, desto leichter können sie einzelne Symbole oder Regeln austauschen oder übernehmen. Die Wahrscheinlichkeit kultureller Umformungsprozesse steigt also mit der Mobilität innerhalb und außerhalb einer Kultur. Je größer die räumliche und soziale Dynamik innerhalb einer Kulturgemeinschaft ist und je intensiver die Begegnungen mit fremden Symbolkomplexen, desto schwerer fällt es dem normierenden Zentrum, einen stabilisierenden Einfluss auf die kulturelle Peripherie auszuüben. Kulturen sind so lange stabil, wie die ihnen implantierte Entropie durch eine entsprechende Negentropie wieder aufgefangen werden kann. Unter traditionellen hochkulturellen Bedingungen waren die negentropischen Bindungskräfte des kulturellen Zentrums stets groß genug, um die innere Stabilität von Kulturen auf lange Sicht zu gewährleisten. Zum Untergang von Kulturen kam es fast ausschließlich im Zuge militärischer Unterwerfung, also der langfristigen Etablierung eines fremden Symbolsystems.

Diese vergleichsweise stabile Situation gehört seit dem Anbrechen der globalisierten Industriemoderne der Vergangenheit an. Urbanisierung, Industrialisierung, Massenwohlstand und Breitenbildung haben eine räumliche und soziale Mobilität in den westlichen Gesellschaften freigesetzt, die es immer schwerer macht, zumindest Restbestände kultureller Homogenität aufrechtzuerhalten. Folgerichtig fragmentieren sich die spätindustriellen Gesellschaften des Westens. Sie zerfallen in Subkulturen und werden zunehmend heteromorph. Zudem lassen die wirtschaftliche Globalisierung und die damit verbundenen »weiträumigen Massenwanderungen unterschiedliche Kulturen aufeinanderprallen«. Dadurch kommt es zunehmend zu gesellschaftlichen Verwerfungen. Es entsteht »der Eindruck der Zerstreuung und Partikularität, der Komplexität und Dezentralität«[3]. Die Welt verwandelt sich in einen Flickenteppich, der von interessierter Seite zwar als bunt und pluralistisch beschworen werden mag, faktisch aber die Konstruktion von Sinneinheiten erheblich erschwert. Und es ist sicher kein Zufall, dass angesichts dieser Heterogenisierung ein Ethnologe die entscheidende Frage stellte: »Was wird aus Begriffen wie ›Tradition‹, ›Identität‹, ›Religion‹, ›Ideologie‹, ›Werte‹ und ›Nation‹, oder gar ›Kultur‹, ›Gesellschaft‹, ›Staat‹ oder ›Volk‹?«[4]

---

3 Geertz 1996, S. 17.
4 Ebd., S. 19.

Denn wo kulturelle Systeme fragmentieren, wird die Interpretation, wird das Verständnis des anderen unmöglich. Traditionelle Kultureinheiten lösen sich auf und transformieren zu Konglomeraten »tiefer und grundsätzlicher Differenzen«, die sich »jeglicher Zusammenfassung entziehen«[5].

Wo die Differenzen so groß sind, dass gemeinsame Beschreibungen unmöglich geworden sind und die Standardisierungskräfte nicht mehr ausreichen, auch nur eine Verständigungsbasis innerhalb der bisherigen Kulturverbände herzustellen, kann bezweifelt werden, ob überhaupt noch sinnvoll von Kultur geredet werden kann. Oder als Frage formuliert: »Was ist eine Kultur, wenn sie kein Konsens ist?«[6] Konsens wird zunehmend unmöglich. Zu zersplittert ist das, was einmal die Kulturen waren. Die Symbolsysteme funktionieren inzwischen nicht mehr. Sie haben weder eine eindeutige Bedeutung noch die Kraft zu normieren. Sie besitzen auch keine feste Struktur mehr, sondern befinden sich in einem auf Dauer gestellten Wandlungsprozess.

»Kulturen waren geteilte Lebensweisen.«[7] Doch es gibt keine geteilten Lebensweisen mehr. Gesellschaften haben sich in heterogene Gebilde verwandelt. Die Welt wird pointilistisch, die gemeinsame

5 Ebd., S. 23.
6 Ebd., S. 25.
7 Ebd., S. 31.

Sprache geht verloren, auch dort, wo man meint, noch eine gemeinsame Sprache zu sprechen. Das Auseinanderbrechen der normierenden Symbolsysteme führt zum Entstehen unterschiedlichster Bedeutungssysteme. Das hat gravierende Folgen: Verbanden noch zu Beginn der Moderne die Teilnehmer einer Sprachgemeinschaft zentrale ästhetische, politische oder technische Begriffe mit einem mehr oder minder festen Set eindeutiger Bedeutungen, so lösen sich diese klaren weltanschaulichen Verbindungen auf. Ganze Begriffskomplexe verlieren ihre eindeutige Konnotation. Damit schwindet nicht nur das gemeinsame Wertgefüge einer Sprachgemeinschaft, sondern die gemeinsame Sprache überhaupt. Man verwendet zwar noch die gleichen Worte, verbindet mit ihnen aber andere Bedeutungen und Haltungen. Versuche zu einem gemeinsamen Sprachspiel scheitern an dem Pluralismus der geänderten Spielregeln und deren Inkommensurabilität. Sprachspiele, vordergründig in derselben Sprache gespielt, erweisen sich als nicht ineinander übersetzbar. Es wird deutlich, »dass Sprechen Kämpfen im Sinne des Spielens ist und dass Sprechakte einer allgemeinen Agnostik angehören«[8]. Schließlich regiert der Dissens.

Der von Lyotard so genannte Widerstreit (*différend*) wird zum Dauerzustand, also der »Konfliktfall zwi-

---

8 Lyotard 1999, S. 40.

schen (wenigstens) zwei Parteien, der nicht mehr angemessen entschieden werden kann«[9]. Insbesondere gibt es kein Regelwerk, keine Metanormen, die den Pluralismus normativer Weltanschauungen ordnen oder moderieren könnten.

Lyotard begründet den Verlust der großen Metanarrative und die Unmöglichkeit von Verständigung letztlich mit der Verfasstheit der Sprache selbst. Da es *die* Sprache nicht gibt und Sprache ein heteromorphes Phänomen ist, kommt es zwangsläufig zum Widerstreit. Dieser verlangt nach übergeordneten Regeln, doch diese existieren nicht.

Der Widerstreit, die Unmöglichkeit der Verständigung, ist jedoch kein rein linguistisches Phänomen, wie Lyotard glauben machen möchte. Sprache ist nur ein Teil des übergeordneten Symbolsystems Kultur, das den Rahmen gelungener Verständigung vorgibt. Solange dieses Normierungssystem funktioniert, ist Verständigung innerhalb der Symbolgemeinschaft nahezu problemlos möglich. Doch das Symbolsystem zerbricht und mit ihm die Symbolgemeinschaft. Verständigung wird unmöglich. Sogar die Hoffnung, dass sich hinter jedem Dissens im Grunde gemeinsame Grundüberzeugungen verbergen, ist als Illusion entlarvt. »Wir können«, schreibt Geertz, »nicht mehr davon ausgehen, dass die wahre Ordnung und Einheit

---

9 Lyotard 1989, S. 9.

unter einer dünnen, künstlichen und täuschenden Oberfläche verborgen liegt, die es nur zu durchbrechen gälte. Vielmehr sind wir mit einem unübersichtlichen Feld von Differenzen und Verbindungen konfrontiert.«[10]

Wo aber Symbolsysteme ihre Homogenisierungskraft verloren haben, da das normierende Zentrum sich aufgelöst hat und die Autonomisierung unterschiedlichster Milieus und Subkulturen abgeschlossen ist, da ist eine Gesellschaft endgültig in die Phase der Postkulturalität eingetreten. Natürlich gibt es nach wie vor Gemälde, Musik, Film und Architektur, Menschen produzieren Artefakte, halten sich an Normen und befolgen Rituale. Doch diese Gegenstände und Handlungen sind nicht länger in ein umfassendes Symbolsystem eingebunden, sondern von begrenzter, in Subkulturen akzeptierter Gültigkeit. Damit verlieren sie ihre horizontale und vertikale Reichweite. Wahrgenommen und verstanden werden sie nur noch innerhalb des jeweiligen Milieus und nur für einen Augenblick. Die Bedeutung eines Artefakts oder einer Handlung beschränkt sich auf das Hier und Jetzt. Doch eine Kultur, die sich im Gegenwärtigen erschöpft, ist keine mehr.

Der Untergang der Kultur ist also an eine historische Entwicklungsphase mit entsprechenden technischen und ökonomischen Bedingungen geknüpft,

---

10 Geertz 1996, S. 75.

die das, was über Jahrtausende als Kultur galt, zerstörten. Mehr noch: Die Phase der Postkulturalität markiert einen notwendigen Entwicklungsschritt in der Geschichte der Menschheit. Mit Beginn des 19. Jahrhunderts hält das Prinzip der Veränderung Einzug in die menschliche Lebenswelt. Innerhalb einer Generation wandelt sich diese schneller als in Jahrtausenden zuvor. Kultur jedoch ist ein konservatives Prinzip. Es gibt keine progressive Kultur und keine Kultur der Progressivität. In dem Moment, in dem der rasante Umbau der sozialen und technischen Welt zum Dauerzustand wird, bricht Kultur in sich zusammen, da auf Dauer angelegte Symbolisierungssysteme dem Veränderungsdruck der Umwelt nicht mehr standhalten. Das wird allerdings erst deutlich, wenn der Prozess der Dekulturalisierung faktisch abgeschlossen ist. »Die Rolle der Untergangsperioden«, schreibt Cioran, »besteht darin, eine Zivilisation unverhüllt zu zeigen, sie bloßzustellen, sie um ihr Ansehen und die mit ihren Verwirklichungen verbundene Arroganz zu berauben.«[11]

Erst jetzt wird deutlich, dass Kultur keine Notwendigkeit ist. Gesellschaften ohne Kultur sind möglich. Sie sind sogar die Zukunft. Die Kulturphase der Menschheit ist abgeschlossen. Statt dessen tritt sie ein in das globale Spiel mit Heterogenitäten und Pluralitäten, die selbst keine Kultur hervor-

---

11 Cioran 1983, S. 15.

bringen. Denn Kultur bedeutet Beschränkung. Doch Beschränkung ist nur so lange ein Ideal und eine Norm, wie das Leben faktisch beschränkt ist. In dem Moment jedoch, in dem die wissenschaftliche und ökonomische Entwicklung bestehende technische und soziale Barrieren beseitigt und Lebensmöglichkeiten erschließt, von denen Menschen vergangener Generationen nicht einmal zu träumen wagten, verschwindet der Ethos der Enthaltsamkeit zugunsten des alltäglichen Hedonismus. Das Ideal der Selbstbeschränkung wird ersetzt durch den Traum der Selbstverwirklichung. Wo aber Idiosynkratismus zum Lebensideal gerät, stirbt die Idee der Kultur. Denn schon Freud wusste: »Unsere Kultur ist ganz allgemein auf der Unterdrückung von Trieben aufgebaut. Jeder einzelne hat ein Stück seines Besitzes, seiner Machtvollkommenheit, der aggressiven und vindikativen Neigungen seiner Persönlichkeit abgetreten; aus diesen Beiträgen ist der gemeinsame Kulturbesitz an materiellen und ideellen Gütern entstanden.«[12] Emanzipation und Kultur schließen einander aus. »Der Freiheitsdrang richtet sich also gegen bestimmte Formen und Ansprüche der Kultur oder gegen Kultur überhaupt.«[13] Das emanzipierte, nach autonomer Selbstentfaltung strebende Subjekt ist kulturunfähig. Das narzisstische Selbst der Spätmoderne erstrebt nicht nur

12 Freud 1972, S. 149.
13 Freud 1991, S. 455.

ein hedonistisches Leben, sondern ein sinnvolles dazu. Es will Einzigartigkeit. Das ist der einfache Grund dafür, dass Eigenschaften wie Phantasie und Kreativität in Selbstverwirklichungsgesellschaften einen geradezu sakralen Status genießen.

Kaum einer hat den narzisstischen Impuls unseres Handelns schonungsloser benannt als Emil Cioran: »Unser Tatendrang entspringt dem unbewussten Hang, uns für den Mittelpunkt, Ursache und Endziel der Zeit zu halten. Unsere Reflexe und unsere Dünkelhaftigkeit dehnen die Handbreit Fleisch und Bewusstsein, die wir sind, zu einem Weltkörper aus.« Das ist ein maßloser Selbstbetrug. Die Wahrheit jedoch ertragen wir nicht: »Wären wir uns über unsere Stellung im All im klaren, wäre vergleichen untrennbar von leben –, das Offenbarwerden unserer Winzigkeit würde uns niederschmettern. Aber leben heißt blind sein gegenüber seinen eigenen Dimensionen.« Statt dessen inszenieren wir uns als einzigartig. Ja die Einzigartigkeit selbst wird zum Sinngehalt. »Alle unsere Handlungen – von der Atmung bis zur Gründung von Weltreichen und metaphysischen Systemen – entstammen der Illusion, der wir uns in Bezug auf unsere Bedeutung hingeben.«[14]

Der egomane Versuch, die individuelle Existenz als bedeutend, sinnvoll und einzigartig zu inszenieren, scheitert mithin zwangsläufig. Hierin liegt

14 Cioran 1953, S. 11.

die eigentliche narzisstische Kränkung, die der Mensch in der Spätmoderne sich bereitet hat: Die Zerstörung der Kultur, die Heterogenisierung der Lebenswelt, die Pluralisierung der Normen und Vorstellungen, die Fragmentierung tradierter Symbolsysteme sollten ihm Freiheit schenken, Erfüllung und Sinn. Doch es gibt keine Individualkultur. So hat der Mensch der Moderne auf der Suche nach Sinn und Ewigkeit alles, was Sinn und Ewigkeit zumindest simuliert, gekappt.

In der Zerstörung der Kultur illustriert sich mithin exemplarisch die Dialektik der Aufklärung: Befreit von der Illusion, sich mittels Kunst und Kultur quasi selbsttranszendieren zu können, pulverisiert das autonome Subjekt genau jene Symbolsysteme, die zumindest den Schein von Ewigkeit und Sinnerfüllung aufrechterhalten. Das hat niemand klarer formuliert als der Kulturanthropologe Ernest Becker. Das Selbstwertgefühl des Menschen beruht, so Becker, »auf Symbolen, sein sorgsam gepflegter Narzissmus nährt sich aus ihnen, von der abstrakten Vorstellung des eigenen Wertes, von einer aus Lauten, Wörtern und Bildern geprägten Idee«[15]. In einer ursprünglich feindlichen Umwelt, in einer bedrohlichen Umgebung, verspricht allein die Welt der Symbole die Überwindung der Endlichkeit.

---

15 Becker 1976, S. 22.

In der »Individualität in der Endlichkeit« liegt daher, so Becker, das eigentlich existentielle Dilemma des Menschseins. Da er die eigene Endlichkeit in einer endlichen Welt nicht überwinden kann, schafft sich der Mensch symbolische Welten, die der unberechenbaren Umwelt Stabilität, Kontinuität und Homogenität entgegensetzen. Diese Symbolsysteme erlauben es dem Individuum zugleich, eine symbolische Identität zu schaffen, die sich von seiner banalen natürlichen Existenz als Organismus abhebt. Der Mensch wird mithin »ein symbolisches Selbst, ein Wesen mit einem Namen und einer Lebensgeschichte«[16].

Erst Kultur ermöglicht dem Menschen eine symbolische Existenz und erhebt ihn so vom Organismus zum Individuum. Individualität erreicht man nur innerhalb einer Kultur, nicht außerhalb von ihr, mithin durch Selbstbeschränkung nicht durch Selbstentfaltung. Und nur im Modus der Kultur überwindet das Ich zumindest symbolisch die eigene Endlichkeit. Endlichkeit und Todesfurcht sind die Bedingungen jeder Kultur. Sie ist das Ergebnis der Einsicht in unsere Sterblichkeit. Jedes Symbol innerhalb eines kulturellen Symbolsystems ist der trotzige und tragische Versuch des Menschen, unsterblich zu werden.

Becker beschreibt Kultur daher als Heldensystem: »Tatsache bleibt, dass die Gesellschaft so beschaffen

16 Ebd., S. 53.

und immer so gewesen ist: ein symbolisches Heldensystem, eine Konstruktion aus Rangordnungen und Rollen, Sitten und Verhaltensmaßregeln, um diesem diesseitigen Heroismus zu dienen. Jedes Szenarium ist irgendwie einmalig, jede Kultur hat ihr eigenes Heldensystem.«[17]

Auch unter den banalsten kulturellen Handlungen, vom Geldsparen über den Hausbau bis zum Kauf eines Autos, »pulsiert der Wunsch nach kosmischer Besonderheit, gleichgültig, wie sehr wir es auch hinter weniger grandiosen Bestrebungen maskieren wollen«[18]. Das Heroische, man könnte auch weniger pathetisch sagen: das Widerständige, ist in diesem Sinne das Zentrum menschlicher Existenz. Indem der Mensch – kollektiv oder als Individuum – mit Hilfe einer Symbolwelt versucht, dem Schicksal seiner Endlichkeit zu entgehen, erringt er seine Würde. Dabei ist irrelevant, »ob nun das kulturelle Heldensystem als magisch, religiös und primitiv oder als weltlich, wissenschaftlich und zivilisiert auftritt. Es ist und bleibt ein mythisches System.« Es ermöglicht Kollektiven und Individuen, sich ein Denkmal zu bauen und so die Grenzen des eigenen sterblichen Organismus zu überwinden.

Kultur ist mithin ein Standardisierungssystem, das es dem Menschen ermöglicht, das Profane mit

17 Ebd., S. 24f.
18 Ebd., S. 24.

Bedeutung zu adeln und die Welt des Vergehens in die Sphäre des Ewigen zu überführen. Kultur ist die metaphysische Revolte schlechthin. »Der Aufstand der Menschen«, schreibt Albert Camus, »in seinen gehobenen und tragischen Formen ist und kann nichts anderes sein als ein langer Protest gegen den Tod, eine wütende Anklage gegen das Geschick, das von einer allgemeinen Todesstrafe beherrscht wird.«[19] Diese Revolte gegen die Endlichkeit äußert sich in der Politik, in der Kunst, in der Literatur. Sie führt, im schlimmsten Fall, zu Terror und Massenmord im Namen letzter Wahrheiten. »Die Weigerung vor dem Tod, der Wunsch nach Dauer und Durchsichtigkeit sind die Triebfeder aller dieser erhabenen oder kindischen Verrücktheiten.«[20] Aus diesem Grund sind auch Kult und Kultur auf das engste miteinander verbunden. Religion, so gesehen, ist nur ein Sonderfall der Kultur. Der religiöse Kult expliziert lediglich das, was Kultur implizit anstrebt: Sinnstiftung durch Überwindung des Todes. »Die Gesellschaft selbst«, so Becker, »ist ein kodifiziertes Heldensystem, will sagen, sie ist überall in der Welt ein lebendiger und herausfordernder Mythos des Sinns des menschlichen Daseins. Deshalb stellt jedwede Gesellschaft, ob sie will oder nicht, auch eine Form der Religion dar.«[21]

---

19 Camus 1984, S. 83 f.
20 Ebd., S. 84.
21 Becker 1976, S. 28 f.

Aus diesem Grund führt die Säkularisierung nicht nur zum Verschwinden der Religion, sondern zum Untergang von Kultur generell. Denn der säkulare Mensch sieht sich nicht mehr abhängig von Transzendierungsinstanzen, sei dies die Kirche oder ein anderes kulturelles Symbolsystem. Der Mensch der späten Moderne ist autonom. Und das bedeutet, dass er sich selbst erlösen möchte, mittels Karriere, Erfolg, Sport, sexueller Erfüllung oder Wellness. Deshalb auch sind säkulare Gesellschaften postheroische Gesellschaften. Das Heldensystem hat sich aufgelöst. Sinn findet der Mensch der postkulturellen Moderne nicht in der Überwindung der Endlichkeit, sondern indem er sie feiert.

Der Mensch der westlichen Moderne hat verlernt, der Realität von Tod und Vergänglichkeit ins Auge zu schauen, und flieht in die Illusion der Selbsterlösung qua Unternehmungen aller Art. Entsprechend bedient er sich aus den Trümmern dessen, was er für die abendländische Kultur hält, und fühlt sich deshalb als Kulturmensch. Doch der Referenzrahmen, der die einzelne Handlung und das einzelne Artefakt zu einem Teil eines Symbolsystems machte, ist zerbrochen. Die Dinge symbolisieren nichts mehr außer sich selbst. Sie haben keine Bedeutung, sondern verweisen lediglich auf anderes Endliches. So entsteht die Illusion von Kultur.

Doch die Illusion von Kultur ist schlimmer als keine Kultur, die schönste Lüge abstoßender als die hässlichste Wahrheit. Lieber in einer akulturellen

Gesellschaft leben als in einer, in der Kultur in der Endlosschleife simuliert wird und dabei die Simulation auch noch mit dem Simulierten verwechselt wird. Wir leben nicht in einer untergehenden Kultur, wir leben auch nicht in einer neuen oder anderen Kultur. Wir sind einen Schritt weiter. Und wenn nicht alles täuscht, wird sich dieser Zustand westlicher Gesellschaften über den Globus ausbreiten und eher früher als später die letzten Inseln menschlicher Kulturen vernichten. Kulturpessimistische Klassiker von Guénon bis Adorno hatten insofern recht, als sie darauf hinwiesen, dass ein Moment der Kulturzerstörung in der Kultur des Westens schon immer angelegt war. Die Überwindung der Kultur ist ein wesentlicher Teil westlicher Identität, die notwendige Konsequenz einer aufgeklärten und säkularisierten Gesellschaft und das vielleicht letzte Geschenk, das der Westen dem Rest der Welt zu machen hat. Aber gerade weil mit der Kultur die Empörung gegen die Endlichkeit untergegangen ist, bleibt allein der Kulturpessimismus als letzte Möglichkeit, die Würde des Menschen zu wahren. Allein in dem Bewusstsein, dass Aufklärung bedeutet, auch das letzte Sinnsystem des Menschen, seine Kultur, zu entzaubern und damit zu überwinden, liegt eine finale Sinndimension.

Mit der Kultur starb die metaphysische Revolte gegen die Endlichkeit. Darin liegt durchaus ein eigener Wert. Denn unsere Endlichkeit zu akzeptieren und als tragisches Faktum menschlicher Existenz hinzunehmen, hat seine eigene aufgeklärte Würde. Kultur war eine große Illusion. Sie war der heroische, aber auch archaische Versuch, dem Menschsein eine Bedeutung zu geben, die es nicht hat. Der Verzicht auf Kultur ist somit ebenso ehrlich wie der Verzicht auf einen Gott, der in der Lage ist, der menschlichen Existenz eine geliehene Würde zu verleihen. Die postkulturelle Gesellschaft ist die konsequente und nüchterne Reaktion auf die Einsicht, dass transzendente Sinndimensionen sich nicht einmal mehr simulieren lassen. Wir können uns nicht transzendieren, weder mittels der Hoffnung auf ein ewiges Leben noch in dem Vertrauen auf eine Symbolwelt, die unsere Ohnmacht kompensieren soll. Wir glauben nicht mehr daran, die Unendlichkeit zu erlangen, weder durch einen Gott noch ein Kunstwerk oder den Heldentod.

So gesehen ist die Überführung des Konzepts der Kultur in den Pluralismus folkloristischer Elemente einer globalisierten Konsumwelt ein letzter Schritt sich vollendender Aufklärung. Die Säkularisierung ist absolut geworden. Es gibt keinen Sinnhorizont jenseits des individuellen Erlebens. Und auch dieses individuelle Erleben ist von martialischer Sinnlosigkeit. Denn die Flucht des postmodernen Individuums in die Verwirklichung eines Selbst, das nicht existiert und nie existieren kann, ist lediglich die aufgeklärte und illusionslose Konsequenz menschlicher Existenz.

Befreit von der Illusion, sich mittels der Proklamation einer symbolischen Sinnebene aus der Welt der Endlichkeit zu katapultieren, schaut der Mensch der untergehenden Moderne in den Abgrund der Wahrheit. Jede Ausflucht ist ihm verbaut. Weder die Religion noch andere kulturelle Subsysteme oder die Kultur als Ganzes sind geeignet, die Hoffnung einer die Endlichkeit überwindenden Existenz aufrechtzuerhalten. Sie alle sind letztlich ebenso festgefroren im Jetzt wie der nach Sinnerfüllung im Erleben suchende Hedonist der Spätmoderne. Gefangen in der Banalität des Augenblicks erreicht er allenfalls einen kurzen Rausch, der von seinem Scheitern nicht abzulenken vermag. In seinem Inneren weiß der nach Erfüllung strebende Mensch, dass er nach etwas Paradoxem sucht: der Unendlichkeit im Augenblick. Für das aufgeklärte Bewusstsein bleibt so lediglich die nüchterne Gewissheit, dass die Überwindung der Endlichkeit weder durch Erlebnisse noch durch Symbolsysteme zu erreichen ist.

Aus diesem Grund ist das postkulturelle auch immer ein posthistorisches Zeitalter. Der Mensch begreift sich nicht mehr als historische Existenz, er ist in eine Nachgeschichte eingetreten.[22] In diesem Sinne ist der Verlust dessen, was einmal Kultur war, der letzte Schritt in der Selbstaufklärung

22 Vgl. Nolte 2015, S. 682 f.

und Selbstentmythologisierung des Menschen. Der Glaube an die transzendierende Kraft der Kultur musste untergehen, als das sich emanzipierende Individuum erkannte, dass die großen Narrative eine seine Freiheit beschneidende Lüge sind. Daraus die Konsequenz eines einfachen Nihilismus zu ziehen, wäre jedoch zu einfach.

Vor die Wahl gestellt zwischen der Obszönität der zeitgenössischen Postkultur und einem griesgrämigen Nihilismus, bleibt als Ausweg nur ein aufgeklärter Kulturpessimismus, in dem der Mensch beides erkennt: die Notwendigkeit des Untergangs dessen, was einmal Kultur war, und die Trauer um deren Verlust. Er wendet sich weder gegen die Aufklärung noch gegen die Moderne. Aufklärung und Moderne sind unmittelbare Ergebnisse der europäischen Geistes- und Kulturgeschichte. Wir können der Aufklärung und der ihr entsprungenen Moderne nicht entkommen, ohne uns selbst zu verraten. Zu dieser Einsicht gehört allerdings auch das Wissen um die Antinomien der Moderne, ihre Zerrissenheit, ihre Sehnsucht nach einer höheren Sinnebene, die sie selbst aber nicht zu erschaffen vermochte. Wo aber Sinn nicht mehr konstituiert werden kann, ist die Klage über diesen Sinnverlust nah. Deshalb gehören Kulturpessimismus und Modernekritik zur Moderne zwangsläufig dazu.

Eine Moderne, die sich nicht selbst in Frage stellt, verkommt zur absoluten Affirmation und damit zu ihrer eigenen Simulation. Ein aufgeklärter Kulturpessimismus wird diese Entwicklung kaum verhindern können, das wäre zu optimistisch gedacht. Er kann jedoch dazu beitragen, dass das Projekt Aufklärung, das einmal als Emanzipation von angeblichen Glaubensgewissheiten und eingefahrenen Denkschablonen begann, nicht an sich selbst zugrunde geht.

Literatur

Adorno, T. W. / Horkheimer, M., Dialektik der Aufklärung. Philosophische Fragmente, in: Ders., Gesammelte Schriften, Bd. 3, Frankfurt a. M. 1984.

Becker, E., Dynamik des Todes. Die Überwindung der Todesfurcht – Ursprung der Kultur, Freiburg 1976.

Camus, A., Der Mensch in der Revolte, Reinbek 1984.

Cioran, E. M., Lehre vom Zerfall, Hamburg 1953.

– Über das reaktionäre Denken, Frankfurt a. M. 1980.

– Gevierteilt, Frankfurt a. M. 1983.

de Condorcet, A., Entwurf einer historischen Darstellung der Fortschritte des menschlichen Geistes, Frankfurt a. M. 1976.

Eliot, T. S., Beiträge zum Begriff der Kultur, Berlin / Frankfurt a. M. 1949.

Freud, S., Die kulturelle Sexualmoral und die moderne Nervosität, in: Ders., Gesammelte Werke, Bd VII, Frankfurt a. M. 1972, S. 143–170.

– Das Unbehagen in der Kultur, in: Ders., Gesammelte Werke, Bd. XIV, Frankfurt a. M. 1991.

Geertz, C., Dichte Beschreibung. Beiträge zum Verstehen kultureller Systeme, Frankfurt a. M. 1983.

– Welt in Stücken. Kultur und Politik am Ende des 20. Jahrhunderts, Wien 1996.

Gibbon, E., Verfall und Untergang des römischen Imperiums, Darmstadt 2016.

Guénon, R., Die Krisis der Neuzeit, Köln 1950.
Hammacher, E., Hauptfragen der modernen Kultur, Leipzig/Berlin 1914.
Herman, A., Propheten des Niedergangs, Berlin 1998.
Jedlicki, J., Die entartete Welt. Die Kritiker der Moderne, ihre Ängste und Urteile, Frankfurt a. M. 2007.
Kondylis, P., Der Niedergang der bürgerlichen Denk- und Lebensform. Die liberale Moderne und die massendemokratische Postmoderne, Weinheim 1991.
de Lagarde, P., Deutsche Schriften, Göttingen 1903.
v. Laslaux, E., Neuer Versuch einer alten auf die Wahrheit der Thatsachen gegründeten Philosophie der Geschichte, München 1856.
Le Bon, G., Psychologie der Massen, Leipzig [12]1908.
Lyotard, J.-F., Der Widerstreit, München 1989.
– Das postmoderne Wissen, Wien 1999.
de Maistre, J., Die Abende von St. Petersburg, Wien 2008.
de Man, H., Vermassung und Kulturverfall, Bern 1951.
Mannheim, K., Ideologie und Utopie, Frankfurt a. M. 2015.
Massis, H., Verteidigung des Abendlandes, Hellerau 1930.
Mishra, P., Das Zeitalter des Zorns. Eine Geschichte der Gegenwart, Frankfurt a. M. 2017.
Mumford, L., Die Stadt. Geschichte und Ausblick, München 1979.

Nolte, E., Historische Existenz. Zwischen Anfang und Ende der Geschichte?, Reinbek/München 2015.

Onfray, M., Niedergang. Aufstieg und Fall der abendländischen Kultur – von Jesus bis Bin Laden, München 2017.

Ortega y Gasset, J., Der Aufstand der Massen, Gesammelte Werke Bd. III, Stuttgart 1978.

Sedgwick, M. J., Against the Modern World. Traditionalism and the Secret Intellectual History of the Twentieth Century, Oxford / New York 2004.

Seidel, A., Bewusstsein als Verhängnis, Bonn 1927.

Sieferle, R. P., Fortschrittsfeinde? Opposition gegen Technik und Industrie von der Romantik bis zur Gegenwart, München 1984.

Sloterdijk, P., Die Verachtung der Massen. Versuch über Kulturkämpfe in der modernen Welt, Frankfurt a. M. 2000.

– Die schrecklichen Kinder der Neuzeit, Berlin 2014.

Spengler, O., Der Untergang des Abendlandes, Bd. 1, München 1923.

Stern, F., Kulturpessimismus als politische Gefahr, Stuttgart 2005.

Turgot, J., Philosophische Darstellung der allmählichen Fortschritte des menschlichen Geistes, in: Ders., Über die Fortschritte des menschlichen Geistes, Frankfurt a. M. 1990.